HR
全能型人才
修炼手册

心理常识+财务常识+业务思维+风险防控

王晓均◎编著

中国铁道出版社有限公司
CHINA RAILWAY PUBLISHING HOUSE CO., LTD.

图书在版编目（CIP）数据

HR全能型人才修炼手册：心理常识+财务常识+业务
思维+风险防控/王晓均编著. —北京：中国铁道出版社
有限公司，2024.1
ISBN 978-7-113-30159-0

Ⅰ.①H… Ⅱ.①王… Ⅲ.①企业管理-人力资源管理-
手册 Ⅳ.①F272.92-62

中国国家版本馆CIP数据核字(2023)第064826号

书　　名：HR 全能型人才修炼手册：心理常识＋财务常识＋业务思维＋风险防控
HR QUANNENGXING RENCAI XIULIAN SHOUCE：XINLI CHANGSHI+CAIWU
CHANGSHI+YEWU SIWEI+FENGXIAN FANGKONG

作　　者：王晓均

责任编辑：王　宏　　　编辑部电话：(010) 51873038　　　电子邮箱：17037112@qq.com
封面设计：宿　萌
责任校对：刘　畅
责任印制：赵星辰

出版发行：中国铁道出版社有限公司（100054，北京市西城区右安门西街 8 号）
印　　刷：三河市宏盛印务有限公司
版　　次：2024 年 1 月第 1 版　2024 年 1 月第 1 次印刷
开　　本：710 mm×1 000 mm 1/16　印张：12.25　字数：188 千
书　　号：ISBN 978-7-113-30159-0
定　　价：69.80 元

前　言

对于刚刚从事人力资源工作的新手来说，要想修炼为全能型人事管理者还有很长的一段路要走。人事管理工作是一种综合性管理工作，需要HR担任各种与员工管理有关的岗位职责，所以HR要训练及提升自己的综合能力，了解各方面的知识。

基础的人事工作包括招聘录用、入职安排、工资核算、缴纳社保与税费……这些工作对HR的要求不同，需要HR具备沟通能力、基本的心理常识和财务常识，以及业务思维和风险防控能力。也许，很多HR会感到不解，为什么要做好人事工作还需要懂心理知识和财务知识，甚至是业务思维？其实，HR是与人打交道的岗位，企业内部的员工都与HR有所关联，HR要想顺利与这些员工沟通，应该学会如何与人沟通，如何探究对方的真实想法，并对员工的业务工作有所了解，这样才能发挥人力资源的优势，提高工作效率，为企业带来利润，让工作更有价值。

那么，应该如何入手进行全能修炼呢？为此，我们编著了本书。通过阅读本书，读者可以综合学习各项人事技能，用更广义的概念去认识人事工作，从而提高自己的视野与综合能力。

本书共八章，可大致划分为四部分。

- ◆ 第一部分为第1～2章。该部分主要对人事工作的心理常识进行介绍，包括招聘心理效应、员工心理激励、员工情绪控制、职场减压、宣讲企业文化等内容，为企业营造良好和谐的工作环境。

◆ 第二部分为第 3～5 章。该部分从基本的财务知识入手，详细介绍了工资缴纳、社保缴纳、个税缴纳、人力成本控制、人力资源投资这几个方面的内容，可以帮助读者详细了解各财务指标，以及它们代表的具体含义。

◆ 第三部分为第 6 章。该部分主要对 HR 应该懂得的业务思维进行了详细说明，包括行业趋势、产业链、公司主营业务、企业商业模式、企业营收结构、行业薪资水平、HRBP 岗位等内容，让 HR 了解自己为什么要具备业务思维。

◆ 第四部分为第 7～8 章。该部分主要对各项用工风险进行简单说明，包括合同订立风险、企业用工管理风险、劳动关系解除风险及工伤事故处理风险，通过对各项用工风险的了解，HR 更能提前预防、有序处理。

本书的优势在于从日常工作出发，以 HR 视角为切入点，通过表格、图片和知识扩展展开书写各部分内容，并辅以范例深入讲解，让读者看到知识的实用性，且降低阅读的枯燥感，让读者在一种轻松有趣的阅读氛围中学习本书的知识。

最后，希望所有读者都能从本书中学到想学的知识，快速提升人事管理的综合能力。

由于编者能力有限，对于本书内容不完善的地方希望获得读者的指正。

编　者

2023 年 7 月

目　录

第3章 HR 要知道工作中的重要财务项目

第4章 社保与税费的缴纳怎么做

第5章 人力成本要做到"开源节流"

第 6 章 业务思维与 HR 紧密联系

第1章
新人入职的心理引导诀窍

招聘新人入职，是 HR 的主要工作职责之一。为了能招聘到合适的人才，HR 不光要知道应聘者的基本资料，还要懂得他们的内心，根据员工的需求和能力匹配工作，这要求 HR 对心理学有一定了解，能够帮助新人摆正心态，引导员工顺利入职。

1.1　招聘的"小心机"

招聘工作是 HR 的岗位职责之一，为公司招揽人才，除了要考察应聘者的工作能力和心理素质，还需要 HR 真正懂得应聘者的心理活动，这样才能为公司吸引优秀的人才，有利于后续的面试筛选活动，且对公司建立人力资源库大有益处。

1.1.1　招聘启事如何吸引人

某互联网公司的总裁曾因 HR 的一则招聘启事大发雷霆，在业务经理的招聘 JD 内容中，有一条写着：有五年以上互联网产品经验，具有日活千万量级以上的产品规划和产品迭代实施经验。

对于外行来说，可能觉得这样的招聘要求并无大碍，其实却犯了很大的常识错误，按照这个要求不仅业内顶尖人才不能成功任职，就连这位总裁也难以应聘成功。"日活千万量级以上的产品规划"就像一座大山，将很多优秀的人才压住，哪怕是十万日活量也是不小的挑战。

这样的招聘启事发出去可以说是无效发布，并不能为公司吸引合适的人才，反而让对方退避三舍，所以招聘启事吸引人的第一步便是合理。

> **知识扩展** JD 是什么
>
> JD 是 Job Description 的缩写，意为职位描述又叫职位界定，主要包括工作名称、工作职责、任职条件、工作所要求的技能，以及工作对个性的要求等，简单概括来说，就是岗位职责和任职要求。JD 是招聘启事和岗位说明书中不可或缺的内容。

首先，HR 应该对企业各部门的岗位说明书充分了解，最好能够装订成册，这样无论日常工作，还是系统培训都会更加方便。

其次，HR 要与用人部门密切联系，尤其是遇到具体的招聘项目时，要以用人部门的招聘要求为依据，且在完成招聘启事的制作时，发与用人部门确认。

当然最重要的一点便是在制作招聘启事时，考虑以下三方面的问题。

（1）内容

招聘启事一般包括岗位名称、企业介绍、职位描述、岗位要求、薪资待遇和联系方式六大要素。招聘启事的内容不追求完整，但是一定要定位清楚，且展示公司的优势。

不同的招聘职位，不同的招聘渠道，招聘启事的定位应有差别，如对于高级管理人才来说，内容应该严谨、精炼、专业，契合其阅读习惯和工作阅历；而普通员工，甚至是应届生招聘，便可灵活多变，使用一些网络用语；网络招聘可按既定的格式书写内容，媒体招聘可突出创意。有的招聘更是宣传为主，招聘为辅，所以对招聘内容所言不多，反而整体设计十分夺睛，这都是因为招聘启事的定位不同。

HR 制作招聘启事的时候一般站在公司的立场上提出各种要求，其实，招聘活动是双向的，HR 不考虑应聘者的需求是无法吸引到人才的。所以招聘启事的内容中一定要展现公司的优势，包括薪酬优势、福利优势、晋升优势、硬件优势等。其中，薪酬优势是应聘者内心最关注的一项内容，很多招聘启事不会固定薪酬，而是采用区间展示，让应聘者能看到一个较高的薪酬可能，如图 1-1 所示。

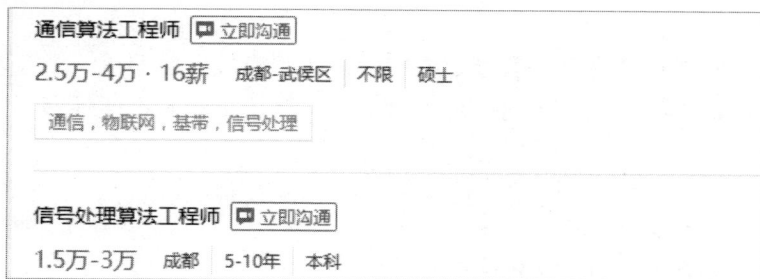

图 1-1　招聘启事示例

若是在招聘启事中仅仅写一条"价格面议"，那么吸引力就大大降低了，应聘者在搜索招聘启事时，第一看职位，第二看薪酬，这是非常常见的一种心理。

另外，除了薪酬，企业也可适当展示其他优势，如五险一金、弹性工作、周末双休、带薪年假、节日福利、定期体检、年底双薪、包住、绩效奖金、包吃、交通补助、项目奖金、员工旅游、采暖补贴、高温补贴等。

针对招聘的六大要素，写作重点分别如下所示。

①岗位名称——简洁、职业分类明确，如"新媒体运营"和"短视频运营"，后者指向更明确，前者显得太过笼统。

②企业介绍——简洁、介绍亮点，如可以介绍最为要紧的业务、上市与否、工作环境等。

③职位描述——条理性、关键性，职位描述应有条理，最好列出一二三四条，不用像岗位说明中那样详细，只需列出关键职责，让应聘者心中有数。

④岗位要求——条理性、普适性，HR 为了招到优秀的人才往往脱离实际，一味提出高标准，薪酬福利却没有跟上。

⑤薪资待遇——真实、超出市场平均水平，有的时候哪怕仅比市场平均薪酬高出一点，也是极大的优势。

⑥联系方式——精准无误，一般书写联系电话、地址和邮箱。

（2）格式

HR 应该明白应聘者投递简历与自己筛选简历是一样的心理，都是面对大量信息做出选择，因此，招聘启事的格式就显得非常重要了，简洁而有设计，对应聘者来说才能获得关键的信息，帮助他们节省时间，快速投递简历。

一般网络招聘平台都有固定的格式，按照模板书写即可。企业要自己发布招聘启事的，在格式的设计上就应该有章法，一般不连续书写，而是分为几个部分。

如下所示，小标题单独一行展示，各项内容分隔开来，十分清楚。

【岗位要求】
1. 以客户为一切工作的出发点，喜欢挑战与竞争。
2. 大学本科及以上学历，经营管理专业者优先。
3. 有较强的语言表达能力，能熟练操作办公软件。
【薪资福利】
1. 底薪 ×× 元，年终奖丰厚。
2. 丰富的晋升空间。
3. 高于同行业标准的福利待遇。
【联系电话】
1. 简历投递截止时间为 6 月 28 日。
2. 投递邮箱：××@×××.com

（3）风格

新媒体时代为了吸引人才，很多公司不会单单发布一个文字版招聘启事，而会做成风格独特的招聘海报，有夸张的、有简约的、有清新自然的。企业应该如何定位招聘海报的设计风格呢？

HR 首先应该给企业定调，然后据此选择海报配色、图案、风格，可以将企业的品牌标识（logo）、品牌吉祥物、品牌颜色融入设计之中，突出展示品牌。

对于一般的职位招聘，设计风格只是辅助，真正吸引人才的还是招聘内容。

1.1.2 简历中隐藏着什么

简历是应聘者对个人学历、经历、特长、爱好及其他有关情况所作的简明扼要的书面介绍，是求职的敲门砖。任何一个有经验的 HR 看过的简历不说上千，也有上百，除了表面的信息，HR 还应看到应聘者努力想隐藏的信息。要知道应聘者的心理是极力展示自己的优势、隐藏自己的劣势和缺点，HR 要是看不到这一层，便无形之中增加了企业的用工风险。

表 1-1 为张 × 投递的一份简历，从该份简历中 HR 应该看出些什么呢？

表 1-1 简历

基本信息				
姓名	张 ×	性别	男	
期望薪资	6 000 元	住址	城东 × × 区	
学历	本科	专业	化学	
毕业院校	× × 学院	联系电话	× × × × × ×	
婚姻状况	已婚	证件	初级会计师资格证	
工作经历				
起止时间	工作单位	职务	工作内容	
2010 ～ 2012 年	× × 会计师事务所	办公室文员	—	
2012 ～ 2013 年	× × 企业	出纳	—	

续上表

工作经历			
2013 ～ 2015 年	×× 企业	财务会计	—
2015 ～ 2018 年	×× 连锁装饰公司	管理会计	—
2021 ～ 2022 年	×× 企业	会计	—
特　　长			
爱好篮球，熟练运用 Office 软件。			

该份简历对张 × 的基本信息、工作经历及特长都进行了介绍，算一份比较详尽的求职简历，其中隐含了哪些关键点呢？

①该简历中没有"求职意向"这项信息，由于简历大都是多次使用，可见该名求职者对自己的职业没有规划，对求职的公司也没有详细了解，采用广撒网的方式求职。

②张 × 的所学专业为化学，与其从事的职业没有任何关联，可以看出其大学专业能力一般，或是选择专业没有想法，因此求职时才会转行。

③毕业后，张 × 先后从事了五份工作，第一份工作是办公室文员，负责的工作没有什么技术含量，不过从后续的工作职务来看，其重新学习了职业技能，可见其并不安于现状，具有上进心。

④第二份工作是出纳，然后做财务会计，再到管理会计，其职务在不断上升，其间也没有频繁跳槽，可见其能力在一直提高，且性格还算沉稳。

⑤不过，张 × 没有取得中级会计师资格证，还有三年的职业空白期，可见其私人生活发生了变故，所以影响了工作。

⑥去年重新工作，说明其工作能力还在，但是没有进一步提升自己，所以停在原地。

⑦除了会计资格证，张 × 不具备其他的技能，可见其学习能力普普通通，胜在经验丰富。

由以上几条，HR 可以得出张 × 各方面水平都是中庸，一般会计岗位还能胜任，管理岗位却有些欠缺。HR 在邀请其前来面试时，应该先主动询问三年的职业空白期，做一番了解后再进入后面的招聘流程。

根据其工作能力与工作状态，考察其现在是否还有晋升的想法及清晰的职业规划路线。

而对于简历中的一些常见问题，HR 应该足够敏感，善于发现并果断淘汰，具体有以下几条。

◆　抄袭网上的通用型自我介绍，千篇一律，可见应聘者没有用心。

◆　所学专业、工作经验与求职岗位差异过大，又不具备专业的技能。

◆　频繁跳槽或担任职位丰富。

◆　简历中错别字过多，可见并不是细心稳重的人。

据有关研究表明，85% 的求职简历中都有至少一处捏造内容。虽然，HR 追求实事求是，但也不必过分理想化，只要大部分内容都是真实的，不必抓着一两点不放。对于简历中些许矛盾的地方，做好记录便是，不必全盘否定。

1.1.3　与人才建立心理契约

某公司为业内知名的新媒体公司，公司规模尚可，今年夏季时招聘了八位新员工，不到年底却有一半递了辞呈。这种情况在公司内部也不是新鲜事，但究其根源，是招聘时埋下的隐患。

夏季招聘时，为了吸引人才，HR 在招聘启事中给出了"8 000 元 / 月的高薪资"，效果的确不错，吸引了不少优秀的人才。HR 从中选出了较为优秀者，而前 3 个月试用期的工资却只有一半，HR 没有给出具体的解释，只告诉新员工试用期工资减半。

而员工正式到岗后，工资仍没有达到 8 000 元 / 月，仅拿到 6 000 元 / 月。HR 给出的解释是，工作只要满半年就能拿到 8 000 元 / 月，安慰员工不必急于一时。

结果，陆陆续续便开始有员工提出辞职。HR 拔高了员工的心理期待，又马上打破，对于员工来说，心理落差是巨大的，双方对彼此的心理期待完全对不上。因此，即便签订了纸质的劳动契约，没有建立心理契约，劳动关系仍不稳定。

企业与劳动者需要签订劳动合同才能建立雇佣关系，而为了让员工快速融入企业，更加认可企业，HR 还应该与劳动者建立心理契约，让劳动者对公司有归属感。

心理契约是美国著名组织心理学家克里斯·阿吉里斯（Chris Argyris）教授提出的一个名词，他认为心理契约是组织和成员之间的一系列无形、内隐、不能书面化的期望，其核心是员工满意度。

一般而言，心理契约包含七方面的期望：良好的工作环境、任务与职业取向的吻合、安全与归属感、报酬、价值认同、培训与发展的机会、晋升。

HR 要做好心理契约管理，就要抓住其核心——工作满意度。而工作满意度的建立需要一个过程，且这个过程是循环的，分为三阶段。

首先是 E 阶段（Establishing），即建立阶段，从获取劳动者简历的时候，HR 就要探明员工的基本期望，了解其对自身、对企业发展的想法，同时要让其了解企业及部门的现状及未来几年内的发展状况，让对方有一个合理的预设，不至于建立劳动关系后才发现大不一样，有种"上当受骗"的感觉，这种心理上的落差反而会加大员工不满的心态。

其次是 A 阶段（Adjusting），即调整阶段，心理契约并不是当时建立就固定不变了，在之后的发展中，现实情况不符合心理契约的预测，就会产生偏差。HR 需要及时调整，主要是就变化与员工沟通，如企业发生重大变故，或是员工不能如期升职，抑或是出现降薪等情形，这些状况会对员工的心理产生极大的负面影响，甚至让员工有离职的想法。HR 要及时干预，提出新的"契约内容"。

最后是 R 阶段（Realization），即实现阶段，HR 应该时时追踪劳动者心理契约的实现进度，如工作环境是否达到预期或变得更好？入职培训是否有价值？职务有所晋升吗？薪水是否提高？哪些期望已经实现，实现的原因是什么？尚未实现的期望有哪些，原因又是什么，与企业是否有关？

总而言之，心理契约虽是无形的，也没有硬性条约需要企业做到，却是企业与员工建立关系的一个尺度，能使企业与员工产生良好互动，更有利于企业发展、获得效益。

另外，良好的企业文化氛围与有效的激励措施，对心理契约的建立有辅助作用，需要 HR 综合利用，如图 1-2 所示。

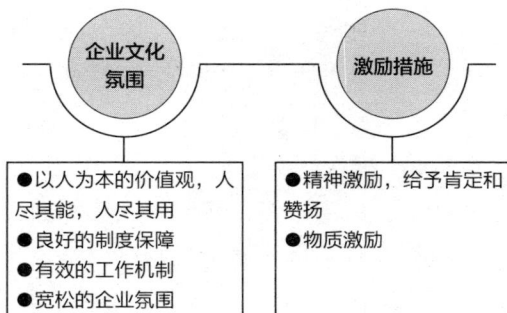

图 1-2 企业文化氛围与激励措施

1.1.4 全方位观察人才

人都会倾向于隐藏自己的心理，HR 想在面试时对应聘者了解更多，可从其他方面立体观察，以便更准确地捕捉应聘者的内心。除了一问一答的交流外，可着重观察其动作及服饰。

（1）动作

在招聘中，常见的暴露应聘者内心的动作，见表 1-2。

表 1-2 应聘者动作的指代含义

动 作	指代含义
双手交叉于胸前	说明对方带有防备心理，或是内心表示否定
小动作不断	说明求职者内心紧张、不安，HR 最好想办法让其平静下来
身体前倾	说明求职者注意力集中，认真，或对该项话题尤其感兴趣
回避目光接触	可以反映应聘者十分内向，并不适合业务发展类工作；或是说明其紧张、不真诚
打哈欠	说明其有些疲惫或厌倦
抖腿	说明对方控制力不强，不注重礼节，紧张，厌倦，自我意识强
仅坐在椅子边缘	说明求职者精神高度集中，没有放松下来

（2）服饰

除了肢体语言外，一个人的服饰也能展现其性格、品位、消费习惯，HR 对面试者的服饰要求为整洁干净，正式一点的话，应聘者会穿正装面试，当然，中小型企业要求不会那么严格。

若是应聘者穿着休闲、配色张扬，又或者衣物不洁，那么可以暴露对方不拘小节的性格，同时也有不重视面试的嫌疑，结合后续面试的问答，若是此类应聘者没有出彩的地方，也没有录用的必要。

若是应聘者不仅穿着正式，在服饰配色也十分讲究，并搭配了时尚简约的单品，也可以看出对方是一个审美很高的人，这类人对自己一定是高标准、严要求，对生活品质也有追求。所以对公司的期许一定很高，若是其技能能够达标是不错的人选；若是能力一般，要求也高，录用的性价比就不高了。

而服饰简单、普通的应聘者，也是有备而来，只是对服饰外观并不讲究，可以说对方行事更随性、灵活，HR 按流程进行考核就行了。

> **知识扩展** **通过动作观察应聘者的准则**
>
> 虽然说一个人的动作可以反映其内心，但是 HR 不能因为单一的动作就做出判断，这样容易断章取义，想让自己的判断更加准确，需要连续不断地观察，并结合语气、表情，这是一个动态的过程。另外，还要考虑面试的环境是否让人觉得有压力，或是对方有一些习惯性动作，不能混为一谈。

1.1.5　招聘中的各类心理效应

很多时候 HR 以为自己是凭着公正、公平的原则在挑选应聘者，其实有些特殊的心理效应，会在潜移默化中影响 HR 做出判断，比较常见的有顺序效应、首因效应和晕轮效应。

（1）顺序效应

顺序效应顾名思义是指由顺序的不同所导致的差异，面试的顺序改变，极有可能造成不同的录用结果，HR 很容易受到顺序效应的影响，对应聘者做出不客观的评价。这是为什么呢？

　　很多时候 HR 对应聘者的评价未必是客观的，而是对比出来的，若是 HR 一连面试几个能力一般的，突然来了一个稍微不错的，可能就会加分，满意度也会瞬间提高；若是一连面试的几个应聘者都很优秀，那么后面即使出现更加优秀的人才，HR 也不会有惊艳的感觉，因为其考核标准在无形之中被拔高了。

　　这就是顺序效应带来的影响，如何降低顺序效应的影响呢？ HR 可进行以下操作。

　　①完善面试评分标准及评分准则，通过严格、细密的评分机制来减少 HR 主观的失误，对面试结果来说更公平，见表 1-3。

表 1-3　评分标准表（一）

申请人姓名：　　　　　　申请人序号：　　　　　　　　日期： 职位：　　　　　　　　　面试考官：	
评价项目	
1. 外表（10 分）： A. 西装、干净整洁、无褶皱□ B. 衬衫、干净整洁、无褶皱□ C. 休闲风、运动鞋、干净清新□ D. 奇装异服、颜色夸张□	5. 行业深入程度（15 分）： A. 市场调研经验丰富，熟悉未来的市场变化□ B. 述职调研流程、技巧，对市场变化大致清楚□ C. 对产品市场不是很清楚，知道基本的调研技巧□
2. 语言交流（10 分）： A. 善于表达、语言有条理、令人信服□ B. 主动积极、表达清楚□ C. 言语表达不流畅□ D. 沉默、不善表达□	6. 可开始工作日期（5 分）： A. 随叫随到□ B. 可确定具体日期□ C. 不清楚、待定□
3. 工作经验（15 分）： A. 5 年以上□ B. 5 年以内□ C. 3 年以内□ D. 无□	7. 工资要求（10 分）： A. 市场平均水平：6 000 元左右□ B. 高于市场平均水平：8 000 元左右□

续上表

评价项目	
4. 工作能力（15分）： A. 采购渠道、资源积累丰富□ B. 采购渠道、资源有限□ C. 无采购渠道、资源□	8. 对企业的了解程度（15分）： A. 知道企业的经营模式、发展状况□ B. 知道企业的管理理念、文化价值观□ C. 知道企业的基本信息：成立时间、主营业务□
9. 其他评价（5分）：	总分：_____分
最后决定： □进入下一轮面试　　　□考虑存档留用　　　□不录取	
备注：评估应聘者时，在符合的项目后打"√"，A项为最高分，然后依次递减2分，如A项为10分，B项就为8分，C项就为6分。	

表1-4所示的评分标准表（二）与表1-3评分标准（一）相比，更能看出表1-3具体的评分内容设计，能减小顺序效应的影响。

表1-4　评分标准表（二）

编号：					
应聘人		面试人			
应聘岗位		建议岗位			
联系方式		日期			
评估要素	特优	优	良	中	差
	5	4	3	2	1
仪表					
态度与谈吐					
是否符合企业发展人才要求					
对公司的认同度					
对工作的了解程度					
工作经验是否足够					

对公司可能具有的贡献				
解决问题的能力				
积极并接受挑战性工作				
稳定性与工作耐力				
责任感				
工作弹性				
……				

得分：＿＿＿＿分（在对应分值下，操作人员低于 70 分以下不予录用；管理人员低于 80 分以下不得录用）

录用意见：□录用　　　　□备取　　　　□不录用

同样是对评估项目打分，表 1-3 通过对项目的具体分化，极大地削弱了主观因素，如考察应聘者对公司的了解程度，表 1-3 列出了三种标准：

◆ 知道企业的经营模式、发展状况。

◆ 知道企业的管理理念、文化价值观。

◆ 知道企业的基本信息：成立时间、主营业务。

表 1-4 仅给出五种结果：特优、优、良、中、差，优或差是很难按照统一标准来划定的。

②除了面试环节，HR 还可安排笔试、电脑上机测试、情景模拟等环节综合考察，最好提高笔试、电脑上机测试的权重，更能有效避免 HR 的主观臆断。

③有两轮面试的，将第一轮与第二轮的面试顺序进行调转，综合两轮面试打分。

④采用小组、团队面试的方式进行挑选，不仅可以避免顺序效应的影响，还能观察在压力环境下谁能脱颖而出。

⑤HR 需懂得自我调节情绪，尤其是在连续遇到表现不佳者时，更应冷静一下，再展开下面的面试。

⑥采用多对一的面试方法，多个面试官选拔意见总有不一致的，可以增添公平性。

知识扩展 **了解雇佣压力**

雇佣压力，是指考官面临完成招聘任务的压力，所以可能导致对前后面试者能力的错误评估。尤其是当应聘者人数已经达到需求时，HR 倾向严格要求之后的应聘者，做出过低评价。

当求职者人数远远达不到需求时，HR 很可能放宽要求，对之后的应聘者做出较高评价。

（2）首因效应

首因效应由美国心理学家洛钦斯首先提出的，指交往双方形成的第一次印象对今后交往关系的影响，也即是"先入为主"带来的效果。在招聘活动中，第一印象对 HR 的影响同样很大。

下面通过一个具体的案例来看首因效应对面试的影响。

范例解析 **第一印象差导致未被录用**

某公司招聘进入尾声，应聘者李 × 由于交通拥堵，非常匆忙地赶到，满头大汗进入面试场所。HR 看到李 × 满头大汗、满脸通红、发型凌乱，上身一件皱巴巴的格子衬衣，对李 × 的期待降低了很多。

HR 开始提问，面对专业性的问题，李 × 都能回答上来，可见其面试的表现还算不错，有被录取的可能。但由于李 × 没有给 HR 留下一个好的初印象，与其他应聘者相比，录取的可能已经大打折扣，面试官经过再三考虑，最终李 × 没有被录用。

从上述案例我们可以了解到首因效应的影响，作为 HR 应该尽量提高自己的专业度，明确面试的重点。另外，做好结构化面试，先做职位分析，然后确定测评要素，精准打分。

（3）晕轮效应

晕轮效应是指在人际知觉中所形成的以点概面或以偏概全的主观印象。在招聘中，HR 若是带有刻板印象很难为公司找到真正优秀的人才，晕轮效应的遮蔽性让 HR 没法看到应聘者的闪光点。

常见的晕轮效应情况有如下一些方面。

◆　内向、安静的人在工作中也会沉稳可靠？

◆　面试迟到代表在工作中也会迟到？

◆　精心搭配穿着意味着对工作也上心？

◆　谈吐得体其工作能力也很强？

◆　容易紧张一定不能胜任工作？

这些都是面试环节中会出现的刻板印象，HR 可能抱有偏见，应该多方面地考察应聘者，全方位了解应聘者，只有足够的了解才能抵消偏见，所以 HR 要对工作经验、求职动机、素质与个性等因素综合考量。

1.2　别让入职员工倍感压力

新员工入职虽然是一个很快的流程，但是从员工的心理来说却不会即刻融入新的环境。HR 应该考虑到员工的心理状态，帮助员工、鼓励员工，让其尽快调整状态，能够全身心投入工作。

1.2.1　从心理层面激励员工

对于新入职或还在培训期的员工，HR 要注意引导，纾解员工前期的压力和迷茫，HR 可利用以下一些技巧，增强员工信心。

①对员工的优点进行夸奖，明白正反馈的意义，员工会更努力地完成工作，更有学习的动力。

②对新员工多加关注，让其感受到重视，有了关注，员工会不断提高自己，其学习效率和工作效率也会随之提高。

③若是同一批入职的员工不止一人，可以几人一组同时参与培训，同时入职，有人结伴，这些新人之间会互相鼓励、互相竞争，抵消压力、又有动力。

④在私下也表明关心的态度，可告知员工"有任何困难，都可以随时联系自己，会尽己所能地帮助对方"；还可以告诉员工公司附近的早餐店、饭馆、咖啡店、饮料店、超市等场所，消除其陌生感和紧张感。

⑤考核与鼓励并存，不仅培训时要考核，入职一两月后也可安排考核，这样有一点压力，又有鼓励，对员工的激励可以成倍增加，更好地激发其潜力。

需注意的是，HR 在运用这些鼓励技巧前，应充分了解员工性格、能力，才能有针对性地进行引导，发挥心理引导的正效应。

1.2.2 帮助员工融入新环境

新员工入职后，都会经过一定的适应期，有的岗位会安排培训活动，有的岗位直接开展工作，在这一阶段 HR 要根据实际需要帮助新员工快速融入集体，可从以下几方面入手。

◆ 提供岗位说明书，让员工清楚工作的必备技能和职责。
◆ 举办欢迎活动，让其有被接纳的感觉。
◆ 邀请员工加入企业群，提供企业内部的社交渠道。
◆ 与部门负责人一起，介绍需要协作的同事认识。
◆ 帮助员工尽快熟悉企业管理制度、薪资福利与工作流程等信息。
◆ 灌输企业文化、价值观，表达对员工的期望。

而在实际工作中，对员工融入环境有效的、可行性高的方法有以下几种。

（1）入职培训

入职培训是比较传统的方式，能够帮助员工快速融入环境，且一举多得，既可以学习工作技能，又可以认识到一起工作的同事。常规的培训方式见表 1-5。

表 1-5　常见的培训方式

培训方式	具体内容
讲授法	属于传统的培训方式，便于培训者控制整个过程，常被用于一些理念性知识的培训
网络培训	是一种新型的网络信息培训方式，投入较大。符合分散式学习的新趋势，节省员工集中培训的时间与费用，新知识、新观念传递优势明显
老带新	这种培训方式很传统，有老员工带着工作，新员工无论是融入环境，还是学习技能都更快

（2）布置工位

新员工第一天工作，若是能在工位上看到欢迎卡片、花束一定会备受感动。

另外，HR 还应将员工的专属名牌、工作服、公司统一徽章、考勤卡及卡套、文化衫等带有企业标志的物件发给员工，或集中摆放在员工的工位上，当员工拥有了带有企业标志的物件，就能产生一定的归属感，觉得自己是公司的一分子。

（3）熟悉环境

若公司只有一层写字楼，那么 HR 领着员工走一圈就会有大概的印象了，若是厂区很大，HR 要带领员工熟悉环境就比较困难。这时，可以制作个性化的公司地图，对厂区的重要区域进行标注，员工可以借此慢慢熟悉环境，不会茫然无知。

（4）入职礼物

为了欢迎新员工，有的公司会准备较为实用的办公用品作为礼物，如员工手册、文具、杯子、餐具，或是赠送一份公司的主营产品，这样员工能直观了解公司的主营产品。

从以上的内容我们可以大致了解，要想让员工尽快融入公司，公司的用心很重要，越是人性化的公司，越能留住优秀的人才。

1.2.3　测试员工满意度

员工满意度指一个员工通过对企业所感知的效果与他的期望值相比较后所形成的感觉状态，是员工对其需要已被满足程度的感受。员工满意度是员工的一种主观感受和心理活动。

HR 进行员工满意度调查有两种调查方式，分别如下所示。

访谈调查法。通过与员工面对面交流，收集口头资料，记录访谈观察。这样的方式工作量会较大，一般随机选取一定数量的员工进行访谈。优点是具有直接性、灵活性、回答率高。HR 可以事先设计好访谈问题和结构，也可以临时自由发问。

问卷调查法。设计出问卷后分发各部门员工，优点是范围广、结合访谈效果更佳。有开放性问卷和封闭性问答两种，需要提前设计题目，常见的题目类型包括单选、多选、是非选择、自由提问。

通常，企业 HR 会选择通过员工满意度调查问卷来了解员工的想法，如下所示为某公司的员工满意度调查问卷，全篇分为五部分，包括企业的发展与管理、工作环境与人际关系、个人工作情况、个人成长、其他方面。可作参考借鉴。

感谢您在 20×× 年为公司发展做出的贡献，现对本年度员工满意度进行调查。问卷不记名填写，请您认真填写问卷，答案没有正确与错误之分。

请将每题最符合您想法的选项字母写在题后的括号里。

一、企业的发展与管理

1. 您觉得公司的制度建设和管理政策合理透明、可执行吗？（　　　）

A. 比较合理，员工自行遵守　　　　B. 不够完善，约束力不够

C. 有些制度难以实施　　　　　　　D. 我现在还没完全了解公司制度

E. 不合理，只考虑企业利益，而不顾员工感受

2. 您认为公司现阶段组织架构合理吗？（　　　）

A. 合理，适合公司目前现状

B. 一般

C. 不怎么合理，架构有些复杂，各部门有壁垒

D. 不怎么合理，架构有些混乱，工作职责不清晰

3. 您是否认同公司提倡的企业精神与价值观？（　　　）

A. 非常认同　　　B. 基本认同　　C. 不确定　　　　D. 不认同

4. 您对企业的发展远景有信心吗？（　　　）

A. 很有信心　　　B. 基本有信心　C. 不确定　　　　D. 很悲观

二、工作环境与人际关系

1. 您是否认同您所在的工作环境是一个轻松、舒适的环境？（　　　）

A. 非常认同　　　B. 基本认同　　C. 不确定　　　D. 不认同

2. 您对所在的办公环境内的辅助设施（如卫生间、茶水间）是否满意？

（　　　）

A. 非常满意　　　B. 基本满意　　C. 不确定　　　D. 不满意

3. 您是否知道到哪里去找所需要的资源（如材料、设备）？（　　　）

A. 熟悉　　　　　B. 了解　　　　C. 不清楚　　　D. 不知道

4. 您对同事之间的人际关系感到满意吗？（　　　）

A. 非常满意　　　B. 基本满意　　C. 不确定　　　D. 不满意

5. 您的上级是否会主动和您沟通，了解您工作中的困难？（　　　）

A. 经常　　　　　B. 有时　　　　C. 极少　　　　D. 完全没有

6. 直接上级是否对您的工作提出了明确的要求？（　　　）

A. 非常明确　　　B. 比较明确　　C. 不确定　　　D. 不明确

7. 工作中，您遇到困难，您的上级是否会提供有力的支持？（　　　）

A. 总是　　　　　B. 经常　　　　C. 极少　　　　D. 完全没有

8. 您的上级会定期就您的表现提出反馈意见吗？（　　　）

A. 经常　　　　　B. 有时　　　　C. 极少　　　　D. 完全没有

9. 您与同事之间的沟通与交流状况如何？（　　　）

A. 非常畅顺有效　　　　　　　B. 基本畅顺有效

C. 不确定　　　　　　　　　　D. 难沟通

三、个人工作情况

1. 您的上级是否在工作任务分配中下达简明扼要的命令与指示？
（　　　）

A. 几乎总是　　　B. 经常　　　　C. 极少　　　D. 完全没有

2. 您对相关部门在帮助您解决问题时的配合态度满意吗？（　　　）

A. 非常满意　　　　B. 满意　　　C. 比较满意　D. 不满意（原因）：

3. 哪类情形在您的部门比较多见？【最多选择五项】（　　　）

A. 时间观念差　　　　　　　　B. 注重形式

C. 领导"画饼"　　　　　　　　D. 职能部门服务差

E. 经常不知道向谁汇报工作　　F. 领导经常交办任务后不管不问结果

G. 其他（简述）：

4. 以下关于薪酬与生活的关系，哪个最接近您的实际情况？（　　　）

A. 薪酬很高，自己的生活非常富足

B. 薪酬除维持基本生活外，有一定节余

C. 薪酬能够维持基本的生活所用

D. 薪酬太低，自己过得非常拮据

5. 您对公司公共福利政策及建设的看法是什么？（　　　）

A. 做得非常好　　B. 有改善　　　C. 不确定　　　D. 没什么改变

6. 您对公司薪酬制度对员工激励性的评价是（　　　）

A. 激励很大　　　　B. 激励较大　　C. 不确定　　　D. 非常差

7. 您认为公司薪酬所倡导的分配机制是什么？（　　　）

A. 向勤奋及优秀的员工倾斜　　B. 按劳分配

C. 平均主义

8. 您认为以下哪三种方式能提高您的创造性？【请选择三项】（　　　）

A. 及时对工作给予评价和奖励

B. 提高工资收入

C. 改善福利

D. 给予挑战性的工作

E. 给予更多培训机会

F. 给予职位晋升

G. 领导认可

H. 其他（简述）：

四、个人成长

1. 您希望得到何种方式的培训？【请选择三项】（　　　）

A. 增加理论知识或操作技能授课

B. 部门内工作岗位轮换

C. 不同部门间调动

D. 开展学历进修

E. 外派培训

F. 其他（简述）：

2. 您是否了解公司的员工晋升计划？（　　　）

A. 非常了解　　　　B. 较了解　　　　C. 不大了解　　　D. 完全不知道

3. 您的职业倾向是？（　　　）

A. 希望在目前这个方向一直干下去

B. 希望换一个更适合我的方向

C. 根据环境的变化可以调整工作

D. 没有想过

五、其他方面

1. 您对公司的整体满意度？（　　　）

A.90% ～ 100%　　　　　　　　　　B.80% ～ 90%

C.70% ～ 80%　　　　　　　　　　D.60% ～ 70%

E.60% 以下，哪个方面最不能忍受：

2. 您所在的团队是哪个部门？（　　　）

A. 销售部　　　　B. 采购部　　　C. 生产部　　　D. 财务部

E. 行政部　　　　F. 人力资源部　　G. 技术部

3. 您的职务是什么？（　　　）

A. 合伙人　　　　B. 经理　　　　C. 主管　　　　D. 员工

4. 您的工龄是多少？（　　　）

A. 试用期内　　B.4 ～ 12 月　　C.1 ～ 2 年　　D.2 年以上

5. 您对公司管理有哪些建议（10 ～ 150 字）？（　　　）

6. 您对所在团队沟通、协作方面有哪些建议（10 ～ 150 字）？（　　　）

1.2.4　预防员工职业倦怠期

员工长期从事某一工种，心理上会逐渐发生一些变化，面对同一类型的工作会感到厌倦、乏味，对工作的积极性也不那么高了，长此以往下去，对公司的危害很大。

职业倦怠期是每个员工都会经历的，对于 HR 来说，员工在职业倦怠期容易离职，为了降低企业离职率，HR 应提前预防员工的职业倦怠期。一般来说，导致职业倦怠期的因素有以下几点。

①员工在团队中人际关系不佳，团队氛围不和谐，互相分化为小团体。这样员工不仅要处理工作，还要花费精力处理人际交往问题，耗费精神，长此以往，肯定疲惫不堪。

②工作量太大，所以工作时倍感压力，或许还要经常加班，员工产生倦怠。

③老不升职或不涨薪，员工看不到自己未来的发展，便对目前的工作提不起干劲。

面对员工可能出现的职业倦怠期，HR 该做些什么改变员工心理，让他们充满信心和期待，见表 1-6。

表 1-6　预防职业倦怠期的方法

预防方法	具体内容
岗位晋升标准	员工若是想要升职，但企业的晋升机制不完善，也不公正、公开，仅凭领导一人说了算，这会让员工看不到希望。所以，人力资源部要做好岗位晋升标准和路径，时时改善更新，员工看到具体的晋升路径更能充满干劲，一路向前
绩效考核	企业内最好实行绩效考核制，这样保证优秀人才能够多劳多得，积极地投入工作
岗位轮换	岗位轮换制是企业有计划地按照大体确定的期限，让员工轮换担任若干种不同工作的做法，从而达到考查适应性、开发员工能力、在职训练、培养主管等多种目的。对员工来说，轮岗无疑是职业生涯规划的有效方式，通过轮岗，员工可以找到适合自己发展的位置，激发潜能，提升价值。且适当的轮换岗位会使人有一种新鲜感，在新的岗位上能保持学习的动力
反馈和激励	企业应重视员工的工作及工作成果，对于做得好或不好的地方及时沟通，让员工认识到自己的优缺点，不断进步，才能掌握更多工作技能，在工作中愈加游刃有余
了解员工需求	员工工作当然是为了赚取工资，但不仅仅如此，可能还会有其他的需求，尽力满足员工的真实需求，如工作环境、少出差，员工才会全心全意投入到工作中

续上表

预防方法	具体内容
情感联系	组织团队旅游、聚餐等活动，加强员工与员工之间、上级与员工之间的情感联系，有一个融洽的人际关系，建立员工的舒适区，可减少职业倦怠现象

1.2.5　雷尼尔效应留住人才

雷尼尔效应是一个经济学术语，这个效应来源于美国西雅图华盛顿大学的一次风波，因为在华盛顿大学教书可以享受到湖光山色，所以很多教授们愿意牺牲获取更高收入的机会。这种经济效应也给企业 HR 带来了启示，有的时候薪酬不是吸引员工的唯一条件。

现代企业应该找到属于自己的"湖光山色"，这样自然就能吸引到优秀的人才。如有的公司会给员工安排带薪休假的福利，有的公司开办一个内部幼儿园，让有小孩的员工能够无后顾之忧。

因此，通过雷尼尔效应，HR 能够得到更多的启示，除了常规的吸引员工的福利外，还要结合公司的情况创造别具一格的"湖光山色"。

1.2.6　HR 常见的沟通模式

HR 要在企业内部发挥价值，做好各种人事工作，除了过硬的职业技能外，还应具备较强的沟通能力，很多人事工作没有沟通能力是很难办好的，如员工离职面谈、绩效反馈面谈。那么有哪些实用的沟通模式呢？

（1）GROW 模式

GROW 模式适合一对一沟通，在做工作绩效反馈的时候，员工往往会固执己见，听不进 HR 的建议，这时 HR 无论如何心平气和地进行说明也是无用。这时，可以用 GROW 模式一步一步引导员工进行理性思考，GROW 模式主要分四步进行沟通。

①G 表示 Goal Setting，即设置目标，通过一系列提问帮助员工找到工作的目标，或者是对未来的期望，如"最近的销售量如何？""下一阶段的目标是什么？""你对工作的规划是什么？""有没有想过接下来销售量提升多少呢？"

②R 表示 Reality Check，即清楚现状，要帮助员工搞清楚现状是什么，

包括客观环境、员工所做的努力、工作效果、工作负责人等，只有员工想清楚这些问题，才能明白与目标的差距。

③ O 表示 Options，寻找多种可能性，解决问题的方案不止有一个，为找到最佳方案，必须发散思维，HR 可通过接连提问的方式鼓励员工说出自己的想法，如"要解决这些问题，你有哪些想法？""你想尝试做些什么呢？""还有别的想法吗？"

④ W 表示 Will，即提高行动的意愿，为了激发员工的行动意愿，HR 可以做具体的提问，如"那么你想采取什么样的方式呢？""你有考虑过起止日期吗？""你希望如何做呢？"

这样层层推进找到解决方法，而不是由 HR 灌输意见，更能得到员工的认可。

（2）汇报式沟通模式

HR 与上级交流时宜采用汇报式沟通，先说结论，再说明相关情况。因为上级最关心的是结果，无论好与坏，都希望能直接掌握，这样后面可以更直接高效地进行沟通，有的谈话内容也能视情况省略。

（3）激将式鼓励模式

员工有问题，若是直截了当地指出其哪里做得不好，对方从心理上没有那么容易接受，可以采用激将的说话模式，向对方表示"这完全不是你的最好水平"，比起"你 ×× 做得不好"，更能燃起对方的斗志。

第2章
善用心理营造轻松的内部环境

现代职场的压力都比较大，无论是员工还是人事管理者都多多少少会有一些心理问题，HR 应懂得利用心理学知识，了解员工的真实感受，控制员工的情绪，为企业营造低压的工作环境，必然能够发挥员工的效能，让企业充满朝气。

2.1　有好心情才能更好工作

如今，职场压力越来越大，员工要想保证工作顺利进行，保持良好的心态很重要，而作为 HR 不仅自己要维持好心情，还要努力在公司内创造一个低压环境，保持公司内部的和谐氛围。

2.1.1　学会控制情绪

人很容易受情绪的影响行事，悲伤的、喜悦的、愤怒的、消极的……各种情绪带给人的影响是不同的，不能很好控制情绪、及时化解心理危机，是无法在职场中顺利工作的。

要控制情绪，HR 首先要认识情绪，罗素提出了情绪分类的环形模式，可以帮助我们了解情绪，如图 2-1 所示。

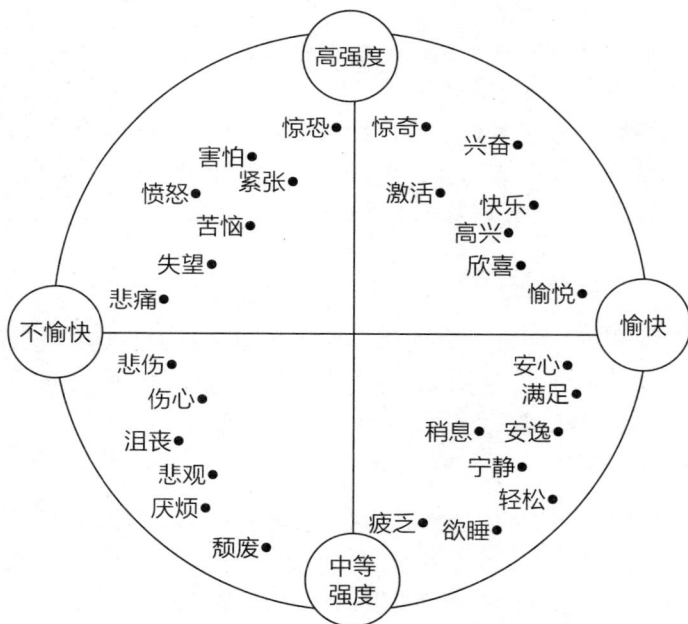

图 2-1　情绪分类

情绪有三种不同的状态：心境、激情与应激。

①心境，指比较平静而持久的情绪状态。心境持续时间从几小时到几个月不等，乐观而积极的心境可增强信心，提高工作效率；悲观而消极的

心境使人丧失工作激情与动力，甚至还可能危害身体健康。

②激情，指强烈的、爆发性的、持续时间短促的情绪状态。激情情绪通常是由对个人具有重大意义的事件造成的，往往伴随着外部行为变化，如发怒时会青筋暴起，高兴时会朗声大笑。

③应激，指人对某种意外的环境刺激所做出的适应性反应。在应激状态下，人们能集中思考，调动已有经验和技能，比如火灾时第一时间抢救重要物资，能够搬起特别重的器材等。

我们要如何控制自己的情绪呢？以下则是一些可行方法。

①情绪控制的第一步是识别自己的情绪，知道自己有了负面情绪，便可有意识地进行调整与疏导。

②将发泄情绪转为分析情绪，对情绪产生的由来、经过、负面影响进行梳理，慢慢平复情绪。

③情绪像是潮起潮落一样，有高低起伏，会慢慢消失。有时候，等待它自然离开也是一种控制方法，我们需要做的只是当自己被负面情绪笼罩时，独自待一会儿，不与其他人交流。

④控制情绪的方法多种多样，我们在愤怒的时候可以利用减压玩具发泄，焦虑的时候可以吃些甜食，烦躁的时候听听音乐……尽可能放松自己的思绪，不要让激烈的情绪在办公室中发散。

2.1.2 职场压力影响大

市场竞争变强，企业内部的工作压力也越来越大，这种趋势对企业工作效能的影响不容小觑。所以很多企业，HR 也要负责员工的心理关怀，帮助员工平衡心理状况。具体方法有如下几个方面。

（1）压力评估

HR 可以设计职场压力评估表或职场评估问卷，通过评估结果的严重与否，有针对性地开展员工心理关怀工作。

如下所示为某公司的职场评估问卷，可作参考使用。

1.每天工作很短时间就感到身心倦怠、胸闷气短。（10分）

2.工作情绪始终无法高涨，容易发脾气，但又没有精力发作。（5分）

3.盼望早下班，为的是能够回家，躺在床上休息片刻。（5分）

4.总觉得时间紧张，所以分秒必争，时间观念混乱，如走路和说话节奏很快。（5分）

5. 昨天计划的事今天怎么也记不起来，而且经常出现这种情况。（10 分）

6. 感到情绪有些抑郁，莫名情绪低沉，常常发呆。（3 分）

7. 三餐进食甚少或进食不规律，即使喜欢的菜也吃得很少。（5 分）

8. 不像以前那样喜欢参加聚会，对各种社交没有兴趣，有勉强应酬的感觉。（2 分）

9. 对城市的污染及噪声很敏感，更渴望清净，且容易烦躁。（5 分）

10. 不愿走进办公室，觉得工作令人厌倦。（5 分）

11. 担心工作不好，过于在意别人评价自己的工作表现。（10 分）

12. 不想面对同事和领导，有一种自我封闭的倾向。（5 分）

13. 晚上经常失眠，睡眠质量很糟糕。（10 分）

14. 食欲低迷，体重有明显的下降趋势。（5 分）

15. 空闲时，轻松一下也会觉得内疚。（5 分）

16. 工作忙碌没时间吃饭，导致头痛、胃痛、背痛等毛病。（5 分）

17. 睡觉时觉得思潮起伏，牵挂着工作的事，难以入睡。（5 分）

测试须知：测试项目 17 条，共 100 分，在觉得符合的项目后打"√"，汇总分数，对应以下几个测试结果。

① 30 分＜总分＜ 50 分

表明职场心理状况已有一点不平衡，虽然压力程度不是很高，但可能导致工作缺乏动力。因此，有必要制订自我应对压力的策略和方法，如锻炼身体、改变认知、改善人际关系、调整情绪。

② 50 分≤总分＜ 80 分

表明职场心理压力程度中等，不仅需要制订自我应对压力的策略和方法，还需要寻求外界帮助，如 HR、上级、心理医师，找到产生压力的原因，疏导调整。

③总分超过 80 分

表明你可能处于一种抑郁或焦虑情绪障碍的状态下，最恰当的策略是咨询心理医生，获得必要的帮助。

（2）降低压力方式

针对员工的压力问题，HR 能够做的降低员工压力的方式主要有以下几种。

①建议员工休年假，有的时候当局者迷、旁观者清，员工脱离工作环境，休息一段时间，能好好地放松自己，还能厘清工作中的各种问题，找到解决的办法。

②制订健康计划，提醒员工注意饮食、锻炼，有的公司还会提供瑜伽

室方便员工锻炼自己，或是提供一些营养冲剂供员工补充能量。

③可为员工安排一些户外活动，如出门会见客户，以免闷在办公室，情绪越来越低落，还可以安排户外会议，改变传统办公模式、办公地点。

④重新设计工作，依据员工的诉求，会同部门负责人安排适合对方的工作，借助新的工作，为员工换一种新的心情。

> **知识扩展** 压力应对策略
>
> 面对压力，一般有两种应对策略。一是主动出击，从行动上进行改变，或请人给予帮助，或寻找解决的办法进行控制；二是选择逃避，将问题缩小，看得不那么重要，或直接避开压力源，也能在一定程度上弱化压力，如有的员工与上级领导不和，申请调岗是最好的办法。

2.1.3 创造低压工作环境

为了不给员工增加压力，公司内部一定要营造一种轻松、和谐的氛围，这是 HR 可以把控和调整的。HR 有必要做好相关组织工作，为员工提供相对"低压"的工作氛围，以促进员工身心健康，具体见表 2-1。

表 2-1 低压管理方式

方 式	具体介绍
创造安静、舒适的硬性条件	HR 可以通过减少噪声、控制室内温度、保证照明等方式，让员工在舒适环境中展开工作
合理设计组织结构	在组织结构上避免权力过于集中、建立合理晋升通道，可以让员工对工作有所控制，也能降低晋升的压力
人岗匹配	每个员工擅长的工作不同，可通过职业测试，了解员工适合的位置，员工只有做适合的工作，才会更游刃有余，压力自然更小
适时开展培训	在经过一个阶段的工作后，员工难免会感到迷茫，HR 可在不同的阶段组织培训活动，针对员工目前面对的问题给出处理的方法，帮助员工适应各种工作节奏

续上表

方　式	具体介绍
营造团体氛围	团队氛围好，员工之间更亲密无间，在遇到问题和压力时，就能勇于向周围的同事、上级求助，不会陷入孤立无援的状态，积累很多压力。越是封闭的环境，越是高压
定期做压力测试	HR 应该定期向员工表示关心，适时交流，防患于未然。当公司职员出现压力引起情绪问题时，能及时发现并借助心理辅导来帮助职员克服压力，缓解不良情绪
合理制定工作目标	很多时候压力的来源都是因为我们设置了过高的目标，不切实际，在现有条件下很难实现，那么压力自然就随之而来。HR 应该帮助员工明确合理的组织期望，进而设置合理的个人工作目标

员工到公司工作，是为了获得发展及获取相匹配的报酬，因此完善企业的考核体系、薪酬体系和福利体系，同样能够起到缓解员工压力、促进企业发展的作用。

2.1.4　个人解压的可行方式

HR 面对职场中的各种压力，要如何缓解呢？常见的解压小技巧有以下一些方式。

◆ 定期锻炼，通过提高身体素质，影响心理状态。

◆ 学会拒绝，不要把别人的事情担在肩上。

◆ 找到一种兴趣爱好，让生活有所寄托。

◆ 娱乐自己，听音乐、看电影，劳逸结合。

◆ 接受工作中遇到的问题，懂得找人帮忙解决。

◆ 生活规律，做到不熬夜，按时吃饭。

◆ 懂得分享，无论工作有任何想法和意见，分享给同事，抒发不良情绪。

◆ 适当宣泄情绪，很多心理学家认为：与其压抑自己，不如学着发泄出来。

除了这些基本的解压方法外，还有两种心理治疗中常用的减压方法——呼吸与冥想，对改善焦虑、急躁等情绪有明显的作用，甚至还能缓解疲劳，促进睡眠。

（1）呼吸减压

心理学家认为呼吸紊乱会影响情绪，导致心理、生理功能的失调，反之，通过有意识地练习呼吸，可以增加吸氧量，改善心肺功能，帮助集中注意力。

腹式呼吸法是常见的练习呼吸的方法，其具体练习步骤如图2-2所示。

横膈膜位于心脏和双侧肺的下面，分割了胸腔与腹腔，我们首先应判断自己呼吸时是使用胸腔的浅呼吸还是使用腹腔的深呼吸。

⬇

选择一个舒适的姿势坐下，闭上双眼，放松身体，使用鼻腔呼吸。

⬇

在呼吸时，想象吸气时，横隔膜收缩并下拉，腹部鼓起。呼气时，横隔膜上移，形成球面状，腹部向后压，即向脊椎靠拢。

⬇

屈臂，将手掌放置于横隔膜位置模拟其运动。吸气时，手指平放，模拟横隔膜的下拉。呼气时，使手指弯曲形成球面向上，模拟横隔膜向上拉，将空气从肺中排出。

⬇

深呼吸持续3~5秒，屏息1秒，然后缓缓呼出3~5秒，每日或每周进行反复练习，直到掌握这一技巧。

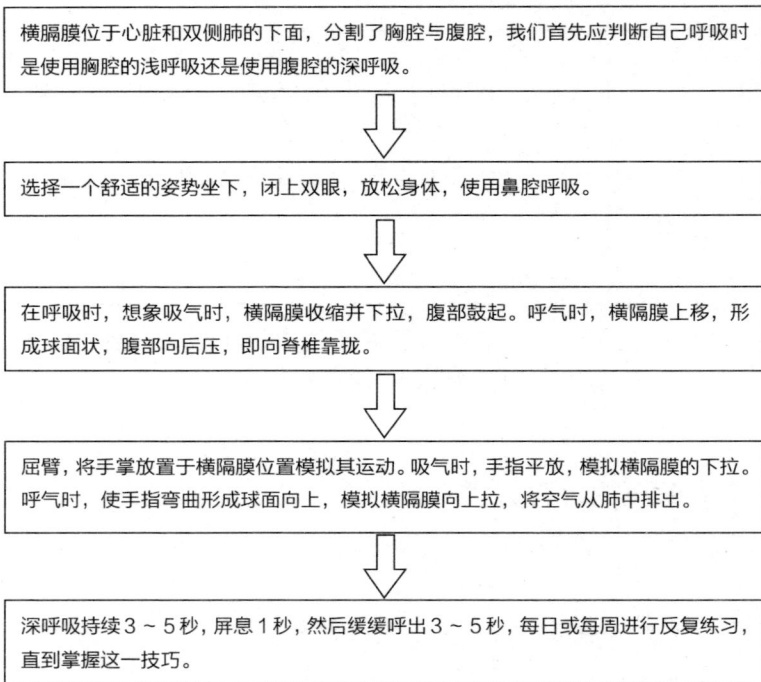

图2-2 腹式呼吸法的练习步骤

在使用腹式呼吸法缓解压力的过程中需要注意以下几点。

①如果感到不明疼痛应立即停止尝试。

②有肌肉拉伤、骨折或外科手术伤口未愈合者不能尝试。

③糖尿病、肾脏疾病、心脏病、低血糖和低血压者不能尝试。

④孕妇不宜。

⑤呼吸要深长而缓慢，尽量用鼻吸气用口呼气。

（2）冥想减压

冥想这个概念在心理学领域被广泛应用，是集中精神关注自己的思想与情感的一种放松状态，可用以消除紧张、焦虑和疲劳状态。其练习步骤如图 2-3 所示。

找一个能够使心情平静的、不被打扰的地点和时间，背挺坐直，可盘腿，可用椅子。

⬇

默念呼吸次数，从一到十到百，或是深呼吸，默念简单积极的词语、短句，听轻音乐、大自然的声音，美好画面的想象、自由联想，以此静心。

⬇

闭上眼，放松肌肉，静坐，任杂念思绪自由流淌，无须干涉，然后用心去体会、分析自己的思绪杂念。

⬇

观察正在发生的事情，不要做出判断，无须达到任何目的，只需要接纳现在的自己。

⬇

尝试什么都不想，心无杂念，静坐 20 分钟左右，结束冥想。

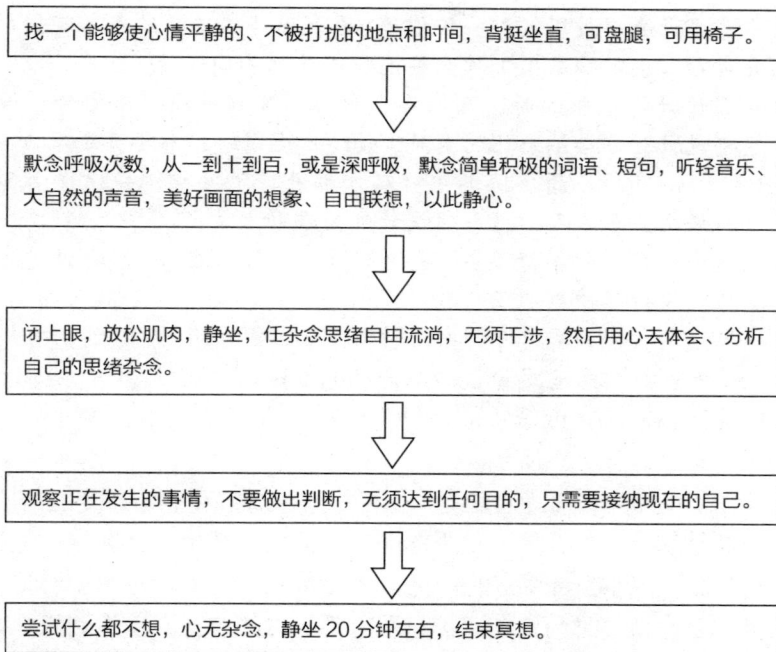

图 2-3 冥想减压法的练习步骤

冥想减压法的注意事项有以下几点，可简单了解。

①冥想的环境需避免噪声、刺眼亮光、旁人的交谈等打扰。

②穿宽松衣服，排空肠胃，餐后不做练习，避免犯困。

③可以将注意力集中在旁边的烛光或其他物体上。

④缓慢、均匀地进行呼吸。

⑤每天有规律地进行练习。

2.1.5 解决好人际纠纷

企业要想发展，依靠的是各部门人员的团结合作，而有人的地方就会有矛盾冲突，这是在所难免的。企业内部出现人际纠纷并不奇怪，关键是 HR 要懂得应对和解决。

下面通过一个案例来展示有效解决职场冲突的重要性。

HR 敷衍行事导致员工离职

　　某广告设计公司最近接到一份订单，要求设计某品牌的新品营销广告，于是相关负责人决定将这项工作交给两位设计师共同设计。

　　然而在设计海报版面时，两人存在分歧，分别提出了不同的方案，各执己见想要说服对方接纳自己的意见，最终产生纠纷，导致项目停滞不前。

　　HR 了解情况后，简单协调，对双方都进行了安抚，并建议由其中一位设计师担任主要负责人，另一位设计师为辅助人员。

　　虽然这个项目顺利推行下去，也没有再闹出什么纠纷，但是没过多久，做辅助工作的设计师便离职了。

　　该案例告诉我们，解决冲突不是敷衍了事，要弄清起因、经过和结果，分清责任，然后结合多方意见，做出合理的安排。

　　HR 可从心理学角度解决职场冲突，在心理学范畴中，将冲突处理模式分为了七种，具体如下所示。

　　①竞争。将冲突转化为合理竞争，在不考虑对方利益与态度的情况下，实现己方利益的最大化，能力更强的即可占据主导地位，冲突自然化解。

　　②协作。协作即整合双方的意见，分别从双方的意见中挑出可取之处，或让冲突双方交换信息与资源，探讨双方都认可的方式，以达到双赢。

　　③迁就。HR 需要说服发生冲突的其中一方放弃自己的部分利益，以共同的目标为导向，从而帮助对方达成目标。

　　④回避。分头行动，回避冲突，将工作拆分，一方负责一个阶段，且不在一处工作，从源头消灭争端。

　　⑤折中。双方讲和，选择方案中大家都能接受的方式，各退一步，各让一部分利益，以结束冲突。

　　⑥调解。HR 以第三方身份，根据事实、利益或法律依据等多种情况，对双方的情况进行分析与撮合，在调解过程中，调解人需提供合理的建议与情绪发泄后的安抚。

　　⑦仲裁。在调解无效的情况下，由高地位的管理者进行仲裁，使冲突双方达成一致。

2.1.6　克服职场综合征

　　职场综合征多指职场人士长期处于压力较大的工作环境中出现的一些心理反应，包括在工作中产生了消极情绪，容易烦躁，甚至影响到生活，出现失眠等健康问题。常见的职场综合征有如下一些方面。

◆ **星期一综合征：** 周末结束后，在周一重新投入工作时出现周身酸痛、萎靡不振和工作效率低下等不适应现象。脑力劳动者在大脑松弛后，更难以在短时间内紧张起来。但很多工作又都需要在周一做决定，使人感到更大的压力。

◆ **电脑综合征：** 长时间专注屏幕、保持同样坐姿，会引发头痛、腰痛、颈肩酸痛、眼睛疲劳和精神萎靡不振等问题。轻者看不清荧光屏上的图像文字，重者会有想呕吐的感觉。

◆ **熬夜综合征：** 白天工作压力大，到了晚上便想着通过各种娱乐活动放松自己，所以很多职场人士都有晚睡的习惯，甚至熬夜，长此以往，会导致人体神经系统、内分泌系统紊乱，继而出现食欲不振、失眠等症状。

◆ **时间综合征：** 由于职场人士工作量巨大，所以对时间的反应过于关注，从而产生情绪波动、生理变化等现象。很多职场人士都惊觉时间越来越不够用，并为此感到焦躁不安、紧张过度，引发心率加快、血压升高、呼吸急促等症状。

◆ **光源综合征：** 长时间在过于明亮处办公会造成视神经疲劳，荧光灯发出的强烈光波可扰乱生物钟，造成心律失调，精神不振，且因缺乏必要的阳光照射，易导致缺钙。

◆ **夜餐综合征：** 夜晚胃肠道对食物消化吸收能力较强，因而晚上进食过多，容易引起肥胖、失眠、记忆力衰退和晨起不思饮食等症状。

◆ **盒饭综合征：** 由于工作生活节奏的加快，职场人士越来越多地依赖盒饭，没有营养又重调味品的餐食会给健康带来隐患。经常食用盒饭容易出现上火、咽痛、口腔溃疡、牙痛、腹胀、便秘等症状。另外，若食用一些不新鲜的肉品，容易患上肠胃不调疾病，对健康没有好处。

职场综合征有各种各样的类型，无论是哪一种，对员工的情绪与健康都是负面的影响，所以我们要懂得克服职场综合征，可以从如下几个方面着手，通过公司合理的安排尽量避免职场综合征。

①公司按照劳动法实行双休制，给足员工休息放松的时间，以免疲劳未被缓解，又开始工作，反而积劳成疾。

②综合部注意采购光线柔和的灯具，避免刺激员工的眼睛，加剧员工眼部疲劳和近视。

③设置工作、休息的间隔时间，5 分钟、10 分钟都可以，对于长时间坐在电脑前的人员，每隔 1 ～ 2 小时起来走动一下，活动身体，对于缓解压力和疲劳非常有效。

④拥有良好和正确的职场价值观，荣辱不惊，压力减少后负面状态自然会减少。

⑤在公司内部提供一些体育场所，如篮球场、乒乓球室、瑜伽室、羽毛球场，给予员工锻炼的场地，变相鼓励员工运动，这样可以客观改善员工身体状况，并拥有好心态。

⑥公司若有食堂，可设置营养均衡的菜谱，提高员工免疫力，有个好的身体素质，才能面对工作中的挑战。

2.2　企业文化作用大

企业文化是企业内其价值观、信念、仪式、符号、处事方式等组成的特有的文化形象。企业文化是企业的灵魂，它包含着非常丰富的内容，其核心是企业的精神和价值观。企业文化能够影响和规范员工的行为，并让员工对企业产生归属感。

2.2.1　企业文化影响员工内心

凡是走得长远的企业都是有自己独特价值观的企业，以将价值观赋予到产品上，赋予到宣传文案上，赋予到管理上，形成长期的竞争优势。企业文化有六大基本功能，可从这六个方面影响员工。

（1）导向

企业文化的导向功能主要体现在两个方面，价值观念的引导和企业目标的指引。

企业的价值观念在企业内部形成了一种共识，影响员工对事物的评判，企业内部无论是管理层，还是员工都为着他们所认定的价值目标去行动。

而企业的发展目标也会以企业文化为出发点，以至于不会偏离主线，企业员工也是在这一目标的指导下从事生产经营活动。

（2）约束

企业文化的约束功能主要是通过完善管理制度和道德规范来实现。

很多 HR 都会忽略企业制度是企业文化的内容之一，企业内部的全体员工都要遵守和执行，从而形成约束力。

而道德规范对于某些特殊行业来说显得尤为重要，因而成为企业文化的一部分，需要员工铭记于心，如药店、食品加工常会将真诚、不弄虚作假写进企业文化内。

（3）凝聚

企业文化下形成的共同目标和理想，强化了团体意识，让员工意识到自己的工作是实现共同目标的重要组成部分，有利于整个企业保持步调一致，充满凝聚力。

（4）激励

有了共同的价值观念，每个员工都能感到自己存在的价值，不会觉得自己可有可无，对于员工来说这也是一种激励，而某些大型企业的员工还会产生自豪感和荣誉感，从而更加努力维护企业的荣誉和形象。

（5）调适

调适即为调整和适应，企业内部难免会产生一些矛盾，各部门之间的龃龉，需要不断调整和适应，而企业价值观能够约束员工，更好地处理这些矛盾。

（6）辐射

企业文化关系到企业的公众形象，不仅对内产生影响，对外还能辐射到社会中，优秀的企业文化对社会文化的发展有很大的影响，反过来对员工也会形成一种要求。

2.2.2　让员工认同企业价值观

每当新员工进入企业，HR 便要向其传递企业文化和核心价值观。一般在面试、培训、绩效考核等过程中，HR 可循序渐进地展示企业文化的要点与实质，具体可通过以下几种不同的方式。

①在企业年会、工作研讨会、部门例会加上与企业文化有关的内容，引导员工思索企业的价值观。

②重点展示企业文化，在公司的显眼处、制度文件、表格文件印上代表企业文化的文字，最好提炼归纳文化价值观，使其朗朗上口，便于记忆。

③将企业文化渗透到工作的各个环节，提供标准的行为规范，并及时

指出员工不符的地方。

④将企业文化与企业形象融合在一起，做出形象设计，可更直观地展示，易于接受。

⑤企业领导者和人力资源管理者，需做出表率作用，言行一致成为员工的榜样，还可积极树立宣传典型。

⑥组织文娱活动，将企业价值观融入活动中，增强企业凝聚力、体现人文关怀。

⑦规范管理，强化制度文化建设，将企业文化直观表达并在潜移默化中推行实施。

在众多的操作方法中，宣传与心理强化是向企业员工植入核心价值观的重点。

一个醒目又易识别的企业标志能够展示企业形象，获得员工认同感；一句充满号召力的企业标语或口号，能暗示品牌的内在价值，无形之中提升职员的自豪感、参与感。常见的宣传手段有很多，如音乐广播、白板报、企业内网和官网。

而小组会议、入职培训、团队建设、文娱活动和制度要求等都属于心理强化的一种手段。通过各种方式鼓励与组织价值观一致的行为，奖惩分明，强化认同感；或是利用从众心理，让员工融入团队。

第3章
HR要知道工作中的重要财务项目

　　很多人都有一个误区，觉得 HR 就是负责人事工作的，财务工作都由财务部负责，其实人力资源部与财务部在很多工作事项上联系得很紧密，如核算月末工资。因此，HR 也应该了解一些基本的财务常识，以便更好地推进工作。

3.1 哪些财务知识需了解

可能在很多人的固有观念中，HR 与财务工作毫无关系，因此也不需要了解财务知识，但仔细想想，企业内部员工的工资核算、社保的结算等财务活动都与人力资源部有关。

财务是公司的运营核心，作为人力资源工作者，也需要了解财务管理的基础知识，规范人力资源工作的执行过程。

3.1.1 人力资源部与财务部的联系

财务部负责公司各项财务活动与资金流动管理，任何与公司资金活动有关的事务都需要通过财务部进行处理，那么，HR 一般会在哪些方面与财务部打交道呢？

工资核算。人力资源部每月都要对员工工资进行核算，然后提交给财务部。财务部根据人力资源部提交的考勤表和绩效考核表等有关资料审核员工的工资明细，确认无误后将明细申报给当地社保局。

支出报销。人力资源部在开展各项工作业务时，若需要事先垫付费用，事后则需要向财务部报销，同时提供相应的收据或其他凭证，财务部审核通过后即可领取相应的垫付费用。

预借钱款。有时在开展业务活动时，会做好相应预算，提前向财务部申请，预借款项来完成工作。财务部审核人力资源部提交的项目预算，判定预借款是否合理，是否借出该笔款项等。

制作工资条。当财务部根据当地社保局出具的社保和公积金明细确认每位员工的实发工资后，向员工发放工资，同时人力资源部根据财务部提供的工资情况制作工资条，按月发放给员工。

招聘财务人员。若是公司需要，人力资源部招聘财务人员前，应向财务部了解招聘需求以及岗位职责，对财务工作做大概了解。

培训财务人员。HR 组织财务人员的培训活动时，应积极与财务部联系，安排专业知识过硬的员工担任培训讲师，或设置培训课程及内容，人力资源部应做好接待与衔接工作。

提交人力成本预算。为了方便公司进行财务管理，控制经营成本，人力资源部要定期向财务部提交人力资源成本预算。

可以说，人力资源部与财务部两个部门来往频繁，通过图 3-1 所示我们可以直观地了解到两个部门间的关系。

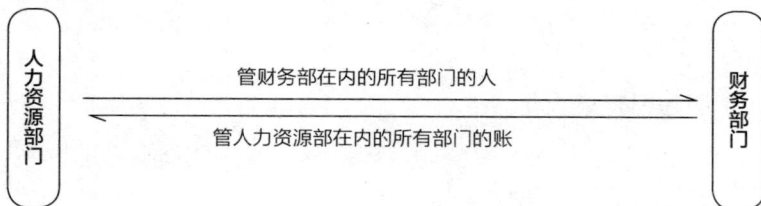

图 3-1　部门关系示意

人力资源部与财务部分别控制企业的人力资源与资金资源，对公司的发展至关重要。人力资源部要建立人力资源管理系统，同时为包括财务部在内的所有部门的人力资源管理提供技术支持，协助各部门做好人力资源管理工作。

而财务部是公司内部控制的最佳执行者，对公司经营状况与理财状况进行确认、计量、记录和分析整理。换言之，人力资源部发生的所有账目，都会由财务部做好记录、确认等工作。

3.1.2　明确公司财务管理目标

公司的财务管理目标是指企业进行财务活动所要达到的根本目的，决定企业财务管理的基本方向，是公司经营目标在财务上的集中体现。只有明确公司的财务目标，才能为各项财务工作确定方向。

因此，人力资源管理者应该清楚公司的财务管理目标。当然每个公司的财务管理目标都不同，常见的有以下四个方面。

（1）利润最大化

按照常理来说，公司经营的根本目的是获取利润，利润最大化即公司创造的财务越来越多，且是不设限的。不过，该财务管理目标有很多不切实际的地方。

①利润最大化中的"利润"有时很难明确，会给公司管理层提供利润操纵的空间。

②没有考虑货币时间价值的理财原则，现代社会时间就是金钱，应设置利润的取得时间。

③不符合风险与报酬均衡的理财原则，想要获得最大化利润，那么相

应的面临的风险会非常大，增加了公司的经营风险和财务风险。

④没有考虑利润与投入资本额的关系，所以难以用利润来衡量公司经营业绩的优劣。

（2）股东财富最大化

股东财富最大化是指通过公司合理经营为股东创造更多的财富，该财务管理目标存在如下一些缺点。

①只适用于上市公司，不具备普遍代表性。

②公司股票价格受多方因素的影响，对公司管理层来说很难控制。

③股东与公司属于不同的理财主体，且各部门都是围绕公司的财务经营进行工作，与股东无关。

④股东财富最大化目标更多地强调股东利益，对其他相关者的利益不够重视。

⑤股东财富最大化片面强调站在股东立场的资本市场的重要性，不利于证券市场的全面发展。

（3）公司价值最大化

公司价值最大化即采用最优的财务结构，充分考虑资金的时间价值、风险与报酬的关系，使公司价值达到最大。但是，该目标仍然存在以下一些问题。

计量问题。无论是对不同理财主体的现金流，还是不同时点的现金流，都不好折现计量，没什么说服力。

难以衡量。该财务管理目标是综合而成，包括股东财富最大化、债权人财富最大化和其他各种利益方财富最大化，不同目标的衡量指标不同，综合起来尤为复杂。

未考虑股权资本成本。如果公司连最低的投资报酬都不能承诺给股东，股东就会转移资本投向，这会给公司增加不必要的股权资本成本。

（4）利益相关者财富最大化

公司是一个由多个利益相关者组成的集合体，利益相关者财富最大化即是从更广泛的角度找到一个更合适的财务目标，实施起来很难，有以下一些明显的缺点。

①公司在特定的经营时期内，几乎不可能使利益相关者财富最大化，只能做到协调化。

②该目标下的计量指标中，销售收入、产品市场占有率是公司的经营指标，这已经超出了财务管理自身的范畴。

企业应该从实际出发，制定合理的财务管理目标，这样各部门才能借此安排各自的工作。

3.1.3　会计科目是什么

会计科目是对会计要素（资产、负债、所有者权益、收入、费用和利润）对象的具体内容进行分类核算的类目，如固定资产、长期借款、实收资本、营业收入、管理费用和营业利润。

会计账户是根据会计科目开设的、具有一定结构、用来系统且连续记载各项经济业务的一种手段，每个账户都有一个简明的名称，用以说明该账户的经济内容。实际上，会计科目就是会计账户的名称。

不同性质的公司，其设置的会计科目会有不同，如下所示为生产型企业中常见的会计科目。

资产类。库存现金、银行存款、其他货币资金、交易性金融资产、应收票据、应收账款、预付账款、其他应收款、坏账准备、在途物资、原材料、材料成本差异、库存商品、存货跌价准备、长期应收款、固定资产、累计折旧、固定资产清理、无形资产和累计摊销等。

负债类。短期借款、应付票据、应付账款、预收账款、应付职工薪酬、应交税费、应付利息、其他应付款、长期借款和长期应付款等。

权益类。实收资本、资本公积、盈余公积、本年利润和利润分配等。

损益类。主营业务收入、其他业务收入、公允价值变动损益、投资收益、营业外收入、主营业务成本、税金及附加、销售费用、管理费用、财务费用、资产减值损失、营业外支出和所得税费用等。

这些会计科目与人力资源部有关的是哪些呢？可分为三种情况，见表 3-1。

表 3-1　人事工作中产生的会计科目

工作环节	涉及科目
招聘	招聘活动中耗费的资金，财务人员会将这些资金计入"管理费用"科目，同时涉及"库存现金"或"银行存款"科目

续上表

工作环节	涉及科目
日常	日常的人事工作中员工培训费、采购办公用品的支出等，财务人员会将其计入"管理费用"科目，同时会涉及"库存现金"或"银行存款"科目；发生出差借款的，会涉及"管理费用——差旅费"和"其他应收款"科目
工资核算	当公司财务部计提人力资源部员工的工资并发放时，会涉及"应付职工薪酬""管理费用""银行存款"和"应交税费——应交个人所得税"等科目

会计科目是会计制度中的重要组成部分，也是编制会计凭证、设置账簿及编制财务报表的依据。

每一会计科目都有自己的编号，供公司填制会计凭证、登记会计账簿、查阅会计账目等参考使用，且不管公司是何性质，一级会计科目的编号都是统一的。

3.1.4 清楚原始凭证的填写规范

HR 在日常工作中可能会收到一些发票，同时还会填写相关单据，如借款单、差旅费报销单和费用报销单等，这些工作中常见的发票与单据都属于原始凭证。

原始凭证是在经济业务发生时取得或填制的，用以记录和证明经济业务发生或完成情况的凭证。原始凭证的基本内容包括凭证名称、填制日期、凭证编号、填制和接受凭证的单位名称、业务内容、业务数量和金额、填制单位、填制人、经办人或验收人的签字盖章。原始凭证的种类很多，如发货票、收货单、领料单、银行结算凭证、各种报销单据。

HR 应保证经手的原始凭证是合法的，且在需要填制单据时正确、规范地填写相关内容。因此，HR 需要了解原始凭证的基本填写规则。

（1）真实记录

原始凭证上填列的经济业务内容和数字都必须真实可靠，同时还要符合国家有关政策法规的要求，且要符合企业发生的经济业务的实际情况。HR 切记不能弄虚作假，来看下例所示的有关内容。

范例解析　填制人事部的费用报销单

　　7 月 16 日，××公司人力资源部的 HR 鲜俊为本部门采购了一箱 A4 打印纸，花费 200.00 元，因而向财务部申请填制费用报销单。

　　鲜俊需要在费用报销单上如实填写报销部门、填制时间、单据及附件张数、报销项目、业务摘要、大小写金额和报销人姓名等内容，如图 3-2 所示。

费用报销单　No.6001141

报销部门：人力资源部　　　　2020 年 7 月 16 日　　　　单据及附件共 1 页

报销项目	摘　要	金额							备
---	---	十万	千	百	十	元	角	分	注
办公费	购买一箱A4打印纸			2	0	0	0	0	
									领导审批
合　　计				¥2	0	0	0	0	

金额大写：人民币贰佰元整　　　　　　原借款： 0 元　　应退（补）款： 0 元

发据单位盖章　　会计：　　出纳：　　审核：　　报销人：鲜俊

图 3-2　费用报销单示意

（2）内容完整

　　为了保证后续记账工作的准确、顺利，HR 第一步就应该完整填写，这样可为后续的财务工作省去很多麻烦。原始凭证上要求填列的项目必须逐项填列齐全，不能遗漏和省略。

（3）手续完备

　　原始凭证填写的项目应手续完备，企业自制的原始凭证必须有经办部门领导人或其他指定人员的签名或盖章；对外开出的原始凭证必须加盖公司的公章、财务专用章或发票专用章；从外部取得的原始凭证，必须查看是否有填制单位或人员的签字盖章。

　　如上例所示的费用报销单填制后还需交出纳审核签字，然后由出纳递交给财务人员填制记账凭证，并在"会计"处签字盖章，在"发票单位盖章"处加盖本单位发票专用章。随后由专门的审核人员审核单据，通过后在"审核"处签字盖章。

（4）书写规范、清晰

HR填写原始凭证时，应注意基本的书写规范，应简洁、易于辨认，避免可能造成的错认。

HR需着重注意以下几点。

①金额大小写必须一致，大写金额用汉字壹、贰、叁、肆、伍、陆、柒、捌、玖、拾、佰、仟、万、亿、元、角、分、零、整（或正）表示，且一律用正楷或行书书写。金额前未印有"人民币"字样的，需手写"人民币"字样，且与大写金额间不得留有空白。

②大写金额到元或角为止的，后面写"整"或"正"字；大写金额到分的，不写"整"或"正"字；大写金额无角有分的，角位用"零"表示，如伍元零捌分。

③小写金额用阿拉伯数字逐一填写，数字之间不留空白，不写连笔，金额前面要有人民币符号"￥"。

④金额数字一律填写到角分；无角分的，用"00"或"−"表示；有角无分的，分位写"0"（不能用"−"替代）。

（5）编号连续

原始凭证的编号分两种情形，一是需要手写，二是已经印有编号。对于需手动填写编号的，需对同类型凭证进行连续编号；已经印有编号的，对于写错作废的，需要加盖"作废"戳记，不得撕毁。

（6）不能涂改、刮擦或挖补

原始凭证若有问题，应要求出具单位重开或更正，更正处必须加盖出具单位的印章。但若原始凭证金额有误，不能更正，只能要求出具单位重开。

（7）填制及时

HR应按照企业的规定及时填写原始凭证，并按规定手续及时递交财务部，方便财会人员审核，填制记账凭证，进而登记账簿、编制财务会计报表。

（8）格式统一

企业自制的原始凭证，同一种凭证要统一格式，而对于增值税专用发票必须使用国家税务总局监制和印制的专用发票，增值税普通发票应使用财政部门统一监制和印制的普通发票。

3.1.5　认识四大财务报表

财务报表是反映企业或预算单位一定时期资金、利润状况的会计报表。报表的填列比较复杂，不过，HR 可以简单了解各类报表的大致结构和主要列示的项目，尤其是与人事工作和企业经营有关的，拓宽业务面。对于公司经营的四大财务报表，HR 应做大致了解。

（1）资产负债表

资产负债表亦称财务状况表，能够反映企业在一定日期（通常为各会计期末）的财务状况（即资产、负债和业主权益的状况）。由于编制工作在某一时间点，数据不包含变动关系，因此是一张静态报表。我国企业常用的是账户式资产负债表，如图 3-3 所示。

账户式资产负债表的左侧列示的是资产类项目，右侧上方列示的是负债类项目，右侧下方列示的是所有者权益类项目。正常情况下，一个会计期末编制出的资产负债表，其资产总计 = 负债和所有者权益总计。

根据我国《企业会计准则——财务报表列报》的相关规定，资产负债表中至少应单独列示如下资产类项目：①货币资金；②以公允价值计量且其变动计入当期损益的金融资产；③应收款项；④预付款项；⑤存货；⑥被划分为持有待售的非流动资产及被划分为持有待售的处置组中的资产；⑦可供出售金融资产；⑧持有至到期投资；⑨长期股权投资；⑩投资性房地产；⑪固定资产；⑫生物资产；⑬无形资产；⑭递延所得税资产。

而资产类项目需按照资产的流动性大小从上往下列示，流动性越大的，列示越靠前，流动性越小的，列示越靠后，可分为流动资产和非流动资产两大类。

资产负债表中至少应单独列示如下负债类项目：①短期借款；②以公允价值计量且其变动计入当期损益的金融负债；③应付款项；④预收款项；⑤应付职工薪酬；⑥应交税费；⑦被划分为持有待售的处置组中的负债；⑧长期借款；⑨应付债券；⑩长期应付款；⑪预计负债；⑫递延所得税负债。

负债类项目按照负债的偿还期长短从上往下列示，偿还期限越短的，列示越靠前，偿还期限越长的，列示越靠后，可分为流动负债和非流动负债两大类。

资产负债表中至少应单独列示如下所有者权益类（或股东权益类）项目：①实收资本（或股本）；②资本公积；③盈余公积；④未分配利润。这类项目一般按求偿权的先后顺序列示。

资产负债表

会企 01 表

编制单位：　　　　　　　　　　　　　年　月　日　　　　　　　　　　　单位：元

资产	期末余额	年初余额	负债和所有者权益（或股东权益）	期末余额	年初余额
流动资产：			流动负债：		
货币资金			短期借款		
交易性金融资产			交易性金融负债		
衍生金融资产			衍生金融负债		
应收票据			应付票据		
应收账款			应付账款		
预付款项			预收款项		
其他应收款			合同负债		
存货			应付职工薪酬		
合同资产			应交税费		
持有待售资产			其他应付款		
一年内到期的非流动资产			持有待售负债		
其他流动资产			一年内到期的非流动负债		
流动资产合计			其他流动负债		
非流动资产：			流动负债合计		
债权投资			非流动负债：		
其他债权投资			长期借款		
长期应收款			应付债券		
长期股权投资			其中：优先股		
其他权益工具投资			永续债		
其他非流动金融资产			租赁负债		
投资性房地产			长期应付款		
固定资产			预计负债		
在建工程			递延收益		
生产性生物资产			递延所得税负债		
油气资产			其他非流动负债		
使用权资产			非流动负债合计		
无形资产			负债合计		
开发支出			所有者权益（或股东权益）：		
商誉			实收资本（或股本）		
长期待摊费用			其他权益工具		
递延所得税资产			其中：优先股		
其他非流动资产			永续债		
非流动资产合计			资本公积		
			减：库存股		
			其他综合收益		
			专项储备		
			盈余公积		
			未分配利润		
			所有者权益（或股东权益）合计		
资产总计			负债和所有者权益（或股东权益）总计		

图 3-3　资产负债表示例

HR 在日常工作中，涉及费用报销，则会计入资产负债表中的"货币资金""其他应收款"等项目。而人力资源部的工资发放数据则会汇总到该报表的"应付职工薪酬""应交税费"等项目。

（2）利润表

利润表是反映企业在一定会计期间的经营成果的财务报表，也称为损益表、收益表。由于它反映的是某一期间的情况，所以是一张动态报表。利润表有两种类型，单步式和多步式，我国企业常用的是多步式。图 3-4 所示为单步式（左）和多步式利润表（右）。

利润表

会企 02 表

编制单位：　　　　　　　　　　年　月　　　　　　　　　　单位：元

项目	本期金额	上期金额
一、营业收入		
减：营业成本		
税金及附加		
销售费用		
管理费用		
研发费用		
财务费用		
其中：利息费用		
利息收入		
加：其他收益		
投资收益（损失以"–"号填列）		
其中：对联营企业和合营企业的投资收益		
以摊余成本计量的金融资产终止确认收益（损失以"–"号填列）		
净敞口套期收益（损失以"–"号填列）		
公允价值变动收益（损失以"–"号填列）		
信用减值损失（损失以"–"号填列）		
资产减值损失（损失以"–"号填列）		
资产处置收益（损失以"–"号填列）		
二、营业利润（亏损以"–"号填列）		
加：营业外收入		
减：营业外支出		
三、利润总额（亏损总额以"–"号填列）		
减：所得税费用		
四、净利润（净亏损以"–"号填列）		
（一）持续经营净利润（净亏损以"–"号填列）		
（二）终止经营净利润（净亏损以"–"号填列）		
五、其他综合收益的税后净额		
（一）不能重分类进损益的其他综合收益		
1. 重新计量设定受益计划变动额		
2. 权益法下不能转损益的其他综合收益		
3. 其他权益工具投资公允价值变动		
4. 企业自身信用风险公允价值变动		
……		
（二）将重分类进损益的其他综合收益		
1. 权益法下可转损益的其他综合收益		
2. 其他债权投资公允价值变动		
3. 金融资产重分类计入其他综合收益的金额		
4. 其他债权投资信用减值准备		
5. 现金流量套期储备		
6. 外币财务报表折算差额		
六、综合收益总额		
七、每股收益		
（一）基本每股收益		
（二）稀释每股收益		

利润表

编制单位：　　　年　月　日　　　　单位：元

项目	行次	本月数	本年累计数
一、收入			
主营业务收入			
其他业务收入			
投资收益			
营业外收入			
收入合计			
二、费用			
主营业务成本			
其他业务成本			
税金及附加			
销售费用			
管理费用			
财务费用			
营业外支出			
所得税费用			
……			
费用合计			
三、净利润			

图 3-4　单步式和多步式利润表

单步式利润表是将当期收入合计与费用合计相加，得出当期净利润。该类利润表所提供的信息都是原始数据，易于理解。

而多步式利润表则要先计算营业利润，然后计算利润总额，最后得出净利润。这样方便比较分析公司的经营情况和盈利能力，但无论是哪种类型，都要遵循恒等式"收入－费用＝利润"。

根据我国《企业会计准则——财务报表列报》的相关规定，利润表至少应单独列示这些项目（其他会计准则另有规定的除外）：①营业收入；②营业成本；③税金及附加；④管理费用；⑤销售费用；⑥财务费用；⑦投资收益；⑧公允价值变动损益；⑨资产减值损失；⑩资产处置损益；⑪所得税费用；⑫净利润；⑬其他综合收益各项目分别扣除所得税影响后的净额；⑭综合收益总额。

人力资源部涉及费用支出时，如办公费、差旅费，会计入利润表中的"管理费用"项目；若是 HR 有迟到或早退情况等被罚款，会计入"营业外收入"项目。

（3）现金流量表

现金流量表表达的是在一固定期间（通常是每月或每季）内，企业的现金（包含银行存款）及现金等价物的增减变动情形，是一张动态报表。

现金流量表主要是反映出资产负债表中各个项目对现金流量的影响，并从经营、投资及融资三个活动归纳现金流变化。

现金流量表主要包括六大项内容：经营活动产生的现金流量、投资活动产生的现金流量、筹资活动产生的现金流量、汇率变动对现金及现金等价物的影响、现金及现金等价物净增加额和期末现金及现金等价物余额。从上往下，依照该顺序进行列示，每一大项中，又包括了影响现金流的具体项目。

人事工作中涉及现金流项目常常与经营活动有关，在现金流量表中体现为"收到其他与经营活动有关的现金"和"支付其他与经营活动有关的现金"项目。

国际财务报告准则第 7 号公报规范了现金流量表的编制，如图 3-5 所示。

（4）所有者权益变动表

所有者权益变动表是反映公司本期（年度或中期）内至截至期末所有者权益变动情况的报表，这是一张动态报表。

<table>
<tr><td colspan="3" align="center">现金流量表</td></tr>
</table>

现金流量表

会企 03 表

编制单位：　　　　　　　　　　　年　　月　　　　　　　　　单位：元

项目	本月金额	本年累计金额
一、经营活动产生的现金流量：		
销售商品、提供劳务收到的现金		
收到的税费返还		
收到其他与经营活动有关的现金		
经营活动现金流入小计		
购买商品、接受劳务支付的现金		
支付给职工以及为职工支付的现金		
支付的各项税费		
支付其他与经营活动有关的现金		
经营活动现金流出小计		
经营活动产生的现金流量净额		
二、投资活动产生的现金流量：		
收回投资收到的现金		
取得投资收益收到的现金		
处置固定资产、无形资产和其他长期资产收回的现金净额		
处置子公司及其他营业单位收到的现金净额		
收到其他与投资活动有关的现金		
投资活动现金流入小计		
购建固定资产、无形资产和其他长期资产支付的现金		
投资支付的现金		
取得子公司及其他营业单位支付的现金净额		
支付其他与投资活动有关的现金		
投资活动现金流出小计		
投资活动产生的现金流量净额		
三、筹资活动产生的现金流量：		
吸收投资收到的现金		
取得借款收到的现金		
收到其他与筹资活动有关的现金		
筹资活动现金流入小计		
偿还债务支付的现金		
分配股利、利润或偿付利息支付的现金		
支付其他与筹资活动有关的现金		
筹资活动现金流出小计		
筹资活动产生的现金流量净额		
四、汇率变动对现金及现金等价物的影响		
五、现金及现金等价物净增加额		
加：期初现金及现金等价物余额		
六、期末现金及现金等价物余额		

图 3-5　现金流量表示例

　　公司内部的资本结构通常由两个部分组成，一是债务资本，二是权益资本。债务资本就是企业通过举债获得的资本，主要体现在资产负债表中的"负债"部分；而权益资本就是企业通过投资者投入资本或股东入股所取得的资本，体现在资产负债表的"所有者权益"部分，而具体结构和变动情况则通过所有者权益表来展示说明，可简单理解为所有者权益变动表是对资产负债表中的所有者权益进行更详细的说明。

一般来说人事工作与所有者权益变动表中的项目没有关系，不过，若人力资源部发生了业务招待费，且在会计期末结账前发现当年有需要进行纳税调整的业务招待费，则财会人员需按照税法规定调整税前扣除的业务招待费，人力资源部发生的业务招待费就会间接影响所有者权益变动表中的"前期差错更正"项目。

知识扩展 汇算清缴与纳税调整

汇算清缴是指所得税（即个人所得税和企业所得税）和某些其他实行预缴税款办法的税种，在年度终了后的税款汇总结算清缴的工作，是对相关税种在前期进行的计缴工作所做的补充、完善工作。

由于汇算清缴时涉及应纳税所得额的变更，要么调增，要么调减，由此算出企业当年度应该缴纳的税款数额，这就是纳税调整。

3.2 轻松核算员工工资

HR 除了要负责各项人事工作外，还要定期核算在职员工的工资，要做好核算工作，HR 应该了解员工工资的基本构成，以及工资的各种计算方法。

3.2.1 当地最低工资标准是多少

依据劳动和社会保障部公布的《最低工资规定》，最低工资标准指劳动者在法定工作时间或依法签订的劳动合同约定的工作时间内提供了正常劳动的前提下，用人单位依法应支付的最低劳动报酬。

最低工资标准一般采取月最低工资标准和小时最低工资标准的形式。月最低工资标准适用于全日制就业劳动者，小时最低工资标准适用于非全日制就业劳动者。

相信做人事工作的都清楚，全国各地会根据当地的经济发展情况，规定适合的最低工资标准，而用人单位支付给劳动者的工资不得低于当地最低工资标准。

最低工资标准一般不包括加班费、特殊工作环境条件下的津贴和法定福利待遇等部分，且该标准每 1 ～ 3 年会调整一次。

全国各地区的最低工资标准情况参见"中华人民共和国人力资源和社会保障部"官网。

3.2.2　员工工资的构成

要核算员工工资，HR 首先要了解员工的基本构成。根据国家统计局发布的《关于工资总额组成的规定》，工资总额由六部分组成：计时工资；计件工资；奖金；津贴和补贴；加班加点工资；特殊情况下支付的工资。

（1）计时工资

计时工资是指按计时工资标准（包括地区生活费补贴）和工作时间支付给个人的劳动报酬。一般包括以下三项。

◆　对已做工作按计时工资标准支付的工资。
◆　实行结构工资制的单位支付给职工的基础工资和职务(岗位)工资。
◆　新参加工作职工的见习工资（学徒的生活费）。

（2）计件工资

计件工资是指对已做工作按计件单价支付的劳动报酬。一般包括以下三项。

◆　实行超额累进计件、直接无限计件、限额计件、超定额计件等工资制，按劳动部门或主管部门批准的定额和计件单价支付给个人的工资。
◆　按工作任务包干方法支付给个人的工资。
◆　按营业额提成或利润提成办法支付给个人的工资。

（3）奖金

奖金是指支付给职工的超额劳动报酬和增收节支的劳动报酬，一般包括生产奖、节约奖、劳动竞赛奖等其他奖金。

（4）津贴和补贴

津贴和补贴是指为了补偿职工特殊或额外的劳动消耗和因其他特殊原因支付给职工的津贴，以及为了保证职工工资水平不受物价影响支付给职工的物价补贴。具体分为以下两类。

①津贴包括补偿职工特殊或额外劳动消耗的津贴，保健性津贴，技术性津贴，年功性津贴及其他津贴。

②物价补贴包括为保证职工工资水平不受物价上涨或变动影响而支付的各种补贴。

（5）加班加点工资及特殊情况下支付的工资

加班加点工资是指按规定支付的加班工资和加点工资。而特殊情况下支付的工资包括以下两项。

①根据国家法律、法规和政策规定，因病、工伤、产假、计划生育假、婚丧假、事假、探亲假、定期休假、停工学习、执行国家或社会义务等原因按计时工资标准或计时工资标准的一定比例支付的工资。

②附加工资、保留工资。

3.2.3 常见的工资核算方法

我国大多企业都是采用月薪制发放员工工资，有的行业或管理层采用年薪制计发，还有一些特殊工作或临时工，会采用日薪制。而 HR 核算工资时，会依据不同的工资核算形式做不同的计算。

（1）月薪制

月薪制是指按职工固定的月标准工资扣除缺勤工资计算其工资的一种方法。月标准工资就是我们常说的基本工资，没有绩效考核的公司都是按基本工资每月按时发放。

在一个公司内，不同岗位的基本工资是有差别的，往往按级别划分，不过即使是同一级别，岗位月薪也不是固定值，而是一个区间值，在这个区间内又分为不同等级。

某公司的岗位月薪级别划分，见表 3-2。

表 3-2 岗位月薪划分 单位：元

薪酬范围	岗位级别及月薪			
2 万 ~ 2.6 万	2.6 万	2.4 万	2.2 万	2 万
	商务主管	行政主管	制作部主管	销售部主管

薪酬范围	岗位级别及月薪			
1.5 万~ 2 万	2 万	1.8 万	1.7 万	1.5 万
	商务渠道拓展专员	人事经理、后勤经理	视频策划、视频后期制作、广告后期制作、后期剪辑制作	大客户销售经理
1 万~ 1.8 万	1.8 万	1.6 万	1.4 万	1 万
	商务专员、商务专员（B端方向）	高级 HR、后勤组长	创意视频导演、宣传片导演	销售顾问
5 000 ~ 8 000	—	8 000	7 000	5 000
	—	人事专员、前台、行政助理、采购专员	编导、摄像师、剪辑师	销售、广告渠道销售、B端销售

公司采用月薪制，在计算员工工资时所用计算公式如下所示。

应付工资＝月标准工资－缺勤天数 × 日工资

依照该计算公式，月标准工资可以从员工工资卡片中记录的工资数额取得，只要员工的标准工资不调整，该数字每个月份的金额都是相同的；缺勤天数则从考勤记录汇总取得。

（2）年薪制

年薪制是以年度为单位，依据企业的生产经营规模和经营业绩，确定并支付经营者年薪的分配方式。

为了把经理人的利益与企业所有者的利益联系起来，使经理人的目标与企业所有者的目标一致，以便对经理人进行有效激励和约束，产生了年薪制。因此年薪制的主要对象是企业的经营管理人员。

年薪制主要由基薪和风险收入这两部分构成，其中，基薪的确定因素由两部分决定：一是公司的经济效益；二是公司（资产）经营规模、利税水平、职工人数、当地物价和企业职工的平均水平等。

而风险收入是以基薪为基础，根据公司的经济效益情况、生产经营的责任轻重以及风险程度等因素确定。具体的发放方式根据公司的实际情况而定。

在我国，年薪制有五种模式，见表3-3。

表 3-3　年薪制的五种模式

模　式	概　述
准公务员型	1. 报酬结构：基薪＋津贴＋养老金计划 2. 报酬数量：取决于所管理公司的性质、规模以及高层管理人员的行政级别，一般基薪为职工平均的 2～4 倍，正常退休后的养老金水平为平均养老金水平的 4 倍以上 3. 考核指标：政策目标是否实现，当年任务是否完成 4. 适用对象：所有达到一定级别的高层管理人员 5. 适用企业：承担政策目标的大型、特大型国有企业
一揽子型	1. 报酬结构：单一固定数量年薪 2. 报酬数量：相对较高，和年度经营目标挂钩，实现经营目标后可得到事先约定好的固定数量的年薪。比如，规定某企业经营者的年薪为 15 万元，但必须实现减亏 500 万元 3. 考核指标：十分明确具体，如减亏额、实现利润、资产利润率、上缴税金和销售收入 4. 适用对象：具体针对经营者、总经理或兼职董事长 5. 适用企业：面临特殊问题亟待解决的企业，如亏损国有企业
非持股多元化型	1. 报酬结构：基薪＋津贴＋风险收入（效益收入和奖金）＋养老金计划 2. 考核指标：确定基薪时要根据公司的资产规模、销售收入、职工人数等指标；确定风险收入时，要考虑净资产增长率、实现利润增长率、销售收入增长率和职工工资增长率等指标，还要参考行业平均效益水平 3. 适用对象：一般的国有企业的经营者，如总经理或兼职董事长 4. 适用企业：追求企业效益最大化的非股份制企业

续上表

模　式	概　述
持股多元化型	1. 报酬结构：基薪＋津贴＋含股权、股票期权等形式的风险收入＋养老金计划 2. 报酬数量：基薪取决于公司经营难度和责任，含股权、股票期权形式的风险收入取决于公司经营业绩和市场价值 3. 考核指标：与非持股多元化型模式的考核指标相同 4. 适用对象：与非持股多元化型模式的适用对象相同 5. 适用企业：股份制企业，尤其是上市公司
分配权型	1. 报酬结构：基薪＋津贴＋以"分配权""分配权"期权形式体现的风险收入＋养老金计划 2. 报酬数量：基薪取决于公司经营难度和责任，以"分配权""分配权"期权形式体现的风险收入取决于公司利润率类的经营业绩 3. 考核指标：与非持股多元化型模式的考核指标相同 4. 适用对象：与非持股多元化型模式的适用对象相同 5. 适用企业：不局限于上市公司和股份制企业，在各类企业中均可实行

（3）日薪制

日薪制是指公司根据生产需要，以日薪作为计酬标准，按照实际工作日每天进行工资支付的一种短期用工形式。一般对临时工或临时项目才会采用日薪制，计算公式如下：

$$应付工资 = 出勤天数 \times 日标准工资$$

3.2.4　绩效工资如何核算

除了月基本工资外，很多公司还会设置绩效考核奖金，常见的如销售人员的业务提成，不同企业不同岗位，绩效工资的计算方式有很大不同。人力资源部收到各部门员工的绩效考核结果后，便以此为依据，结合对应的绩效工资核算办法，核算员工的绩效工资。下例为某公司销售人员的绩效考核规定。

范例解析 **销售人员的绩效考核规定**

为了促进公司的业务发展，让销售人员拿出干劲，公司对销售部实行以岗位绩效考核与薪酬挂钩相结合的分配办法，销售人员的岗位职级、基本工资与绩效工资基数见表 3-4。

表 3-4　销售人员的岗位职级与绩效

职称级别	岗位职级	基本工资	绩效工资基数
卓越销售专员	C1	5 000 元 / 月	1 000 元 / 月
高级销售专员	C2	4 000 元 / 月	800 元 / 月
助理销售专员	C3	3 000 元 / 月	700 元 / 月
普通销售专员	C4	2 500 元 / 月	500 元 / 月

备注：
本公司岗位职级分为 A、B、C 三级，A 级为最高岗位职级，基本工资与绩效工资基数最高。

销售人员的绩效工资计算公式为：绩效工资 ＝ 绩效工资基数 × 绩效考核系数

绩效考核系数取值见表 3-5。

表 3-5　绩效考核等级与系数取值

绩效考核等级	绩效考核分数	绩效考核系数
S	90 分以上	4
X	70 ～ 90 分	2
M	60 ～ 69 分	0.8

注：若是绩效考核分数没有达到 60 分，不发绩效工资。

该公司高级销售张三本月绩效考核分数为 86 分，全勤（全勤奖金 100 元 / 月），那么其本月能拿到多少工资呢？

张三本月工资为：基本工资＋全勤奖金＋绩效工资 ＝4 000+100+800×2＝5 700（元）

人力资源部统计出各部门员工的绩效奖金后，将明细数据递交给财务部，财务部将其与各部门提交的绩效考核工资统计表进行核对，确认无误后对员工的工资总额进行账务处理。某公司的绩效考核统计表模板，见表 3-6。

表 3-6　绩效考核工资统计表（模板）

序号	部门	姓名	基本薪酬	奖金津贴	社保个人部分	个人实际收入	社保企业部分	企业实际支出

统计制作：　　　　　　　统计复核：　　　　　　　财务经理批准：

　　财会人员审核员工的绩效工资后，要将绩效工资计入该员工的工资总额中，一并成为计缴个人所得税的计税基础。

3.2.5　加班工资的计算标准

　　许多公司由于业务性质，可能需要员工加班，因此需要支付员工加班工资或安排同等时间补休。根据《中华人民共和国劳动法》（以下简称《劳动法》）第四十四条，有下列情形之一的，用人单位应当按照下列标准支付高于劳动者正常工作时间工资的工资报酬：

　　（一）安排劳动者延长工作时间的，支付不低于工资的百分之一百五十的工资报酬；

　　（二）休息日安排劳动者工作又不能安排补休的，支付不低于工资的百分之二百的工资报酬；

　　（三）法定休假日安排劳动者工作的，支付不低于工资的百分之三百的工资报酬。

加班工资需要计入员工的工资总额计缴个人所得税。加班工资有两种计算方法，一是按加班天数计算，二是按加班小时数计算。所用计算公式见表 3-7。

表 3-7　加班工资计算公式

按加班天数计算	按加班小时数计算
月工资 = 基本工资 + 加班天数 × 日工资 × 基数	月工资 = 基本工资 + 加班小时数 × 小时工资 × 基数
日工资 = 月基本工资 ÷ 月计薪天数	小时工资 = 月基本收入 ÷（月计薪天数 × 8 小时）
月计薪天数 =（年天数 − 年休息天数）÷ 年月份数 =（365 天 −104 天）÷12 月 =21.75（天）	月计薪天数 =（年天数 − 年休息天数）÷ 年月份数 =（365 天 −104 天）÷12 月 =21.75（天）

下例为某公司员工的加班工资计算过程。

范例解析 计算某公司项目会计的加班工资

某建筑公司的项目会计周月，入职时与公司签订的劳动合同约定其基本工资为 6 000.00 元，当月周女士在休息日加班一天，获得全勤奖 200.00 元。其应发工资计算如下：

日工资标准 =6 000.00÷21.75=275.86（元）

加班工资 =275.86×200%=551.72（元）

当月应发工资 =6 000.00+200.00+551.72=6 751.72（元）

HR 要知道，上例所有可以计入员工应发工资的工资项目，其对应金额都要通过"应付职工薪酬"科目进行核算，同时计入"应付职工薪酬——工资、奖金、津贴和补贴"明细科目进行明细核算。

3.2.6　年终奖的计算方式

年终奖是指每年度末企业给予员工不封顶的奖励，是对一年来的工作业绩的肯定。年终奖的发放额度和形式一般由企业自己根据情况调整。HR 需要知道，无论何种形式的年终奖都要计入员工的工资计缴个人所得税。因此，HR 和财会人员要将年终奖作为工资进行统计核算，并做相应的账务处理。

一般来说，企业常见的年终奖形式有三种，具体如下所示。

（1）双薪制

"年末双薪制"是最普遍的年终奖发放形式之一，通常外企更倾向于这种方法，即按员工平时月收入的数额在年底加发一个月至数个月的工资。很多外企采用 13 薪、14 薪或更多。具体如下所示。

◆ 13 薪（12+1 方式）：即在年底向员工多发一个月的工资作为年终奖。通常以时间为衡量指标，只要员工工作满一年便可拿到。

◆ 14 薪（12+2 方式）：即企业在年底多发两个月的工资作为奖励。一般由公司营业指标、客户指标和个人指标三方面来衡量。

采用双薪制，员工的年终奖如何发放，会影响个人所得税的计缴，在会计核算上有明显的差别。下面通过一个案例来理解。

范例解析 **年终奖发放如何影响个人所得税**

某文创公司编导孟四月工资为 5 500.00 元，假设个人应缴纳的社保费用和住房公积金共 400.00 元，没有其他专项附加扣除。年终奖有 5 000.00 元，下面根据年终奖的不同发放方式，了解在会计核算上的处理区别。

1. 年终奖与 12 月工资同时发放。

当月应纳税所得额 =5 500.00+5 000.00-5 000.00-400.00=5 100.00（元）

查看个人所得税税率表可知，孟四当月适用的个人所得税税率为 10%，对应的速算扣除数为 210.00 元。年末个人所得税税额 =5 100.00×10%-210.00=300.00（元）。

2. 单独发放年终奖。

12 月应纳税所得额 =5 500.00-5 000.00-400.00=100.00（元）

12 月工资适用个人所得税税率为 3%，对应速算扣除数为 0.00 元。

而在发放年终奖 5 000.00 元时，需要全额计缴个人所得税，且适用个人所得税税率为 10%，对应的速算扣除额为 210.00 元。那么，年末个人所得税税额 =100.00×3%+5 000.00×10%-210.00=293.00（元）。

如果其他情况不变，孟四的专项附加扣除有子女教育、住房贷款利息和赡养老人等，共计 4 000.00 元。则：

1. 年终奖与 12 月工资同时发放。

当月应纳税所得额 =5 500.00+5 000.00-5 000.00-400.00-4 000.00=1 100.00（元）

当月适用的个人所得税税率为 3%，对应速算扣除数为 0.00 元。年末应

纳税额 =1 100.00×3%=33.00（元）。

2. 单独发放年终奖。

12 月应纳税所得额 =5 500.00-5 000.00-400.00-4 000.00=-3 900.00（元）

12 月工资不需要缴纳个人所得税。而在单独发放年终奖 5 000.00 元时，应纳税额 =5 000.00×10%-210.00=290.00（元）。

由此可见，采用双薪制，年终奖的发放时间会影响个人所得税的缴纳金额，但实际年终进行汇算清缴时可能还会发生纳税调整。

（2）绩效奖金

绩效奖金是浮动的奖金，根据个人年度绩效评估结果和公司业绩结果所发放，与月度发放的绩效奖金有些不同，这时发放比例和数额的差距就体现出来了。一般岗位级别越高，绩效奖金的基数就越大，绩效奖金占总收入的比例就会越高。

各个公司对其内部员工的绩效评估方法以及评估标准都是不一样的。这就要求 HR 必须做好员工绩效考核办法、评估方法的制定，并且还需要组织实施员工绩效考核工作，审核员工的绩效数据，评估绩效考核结果，保管好相关资料，以备核算绩效奖金。

（3）红包

对一些小型微利企业来说，由于每年盈利有限，所以并未计划过多的资金来发放年终奖，常采用红包的方式来奖励员工，通常是由老板决定，没有固定的规则，红包金额的多少可能取决于老板对员工的认可度、资历、重大贡献等。

红包金额一般不公开，由于也算是年终奖，所以要计入员工的工资，计缴个人所得税。

除了发放现金，一些公司还将旅游奖励、赠送保险、车贴、房贴等当作年终奖奖励方式。

无论企业采用何种年终奖形式，都是希望激励员工，维护企业发展，HR 可将年终奖的选择交给员工，让员工选出他们最满意的一种奖励方式。HR 要注意奖金的发放方案不应该在将近年终时才考虑，在年初制订公司计划的时候，就应该制订好年终发放奖金的考评指标、评价方法、发放规则等。

3.2.7　合理优化薪酬结构

员工工资由不同的部分组成，有的岗位只有基本工资，有的岗位有基本工资，还有绩效奖金，有的岗位还有津贴，要通过薪酬水平留住人才，HR 需要设置合理的薪酬结构，以让不同岗位的员工都对自己的薪酬感到满意。

薪酬结构是指企业中各种工作或岗位之间薪酬水平的比例关系，HR 一般依据公司的经营战略、经济能力、人力资源配置策略和市场薪酬水平等为公司内价值不同的岗位制订不同的薪酬水平和薪酬要素，并且提供确认员工个人贡献的办法。

在实际工作中，有很多不同的薪酬结构类型，其导向各有不同，见表 3-8。

表 3-8　薪酬结构的类型

类　型	付薪理念	优　点	缺　点
以职位为导向的薪酬结构	对不同职位进行职位评价，确定职位的重要程度，再依据市场行情确定各职位的薪酬标准	实现同岗同酬，内部公平性比较强	容易发生不能胜任某职位工作的人获得同样的职位工资
以绩效为导向的薪酬结构	根据员工的工作绩效确定薪酬标准，员工的收入与工作目标的完成情况直接挂钩，不同的标准组成薪酬结构	实现能者多劳多得；员工的工作目标更明确，公司目标更容易实现；公司不用事先支付过高的薪酬成本，可以合理控制薪酬成本	需要一个假设前提：金钱对员工的激励作用很大。这可能导致员工无法与公司共渡难关
以技能为导向的薪酬结构	根据员工所拥有的与工作相关的技能和知识水平来决定员工薪酬，员工要想加薪，必须证明自己已经掌握了更高级的工作技能	可以促使员工的能力不断提升，使公司能够适应内外部环境的变化，经营的灵活性增强	容易使员工感觉不公平，因为高技能的员工不一定就有高的产出；用于界定和评价技能的管理成本较高

续上表

类　型	付薪理念	优　点	缺　点
组合薪酬结构	薪酬分为几个组成部分，分别依据职位、绩效、技能和工龄等因素来确定薪酬数额	全面考虑了员工对公司的投入，薪酬结构更合理	—

　　不同类型的公司其薪酬结构侧重不同，如房地产、制造产业多选择以绩效为导向的薪酬结构：开发公司、互联网公司常选择以技能为导向的薪酬结构。当然，更多的是组合型薪酬结构，对公司各级岗位科学定薪。

　　确定薪酬组成部分后，就要设计薪酬结构的比例了，依据岗位性质可分为三种模式，见表3-9。

表3-9　各类岗位的薪酬结构比例

岗位性质	薪酬结构比例
业绩岗位	1. 工资、绩效奖金、年终奖之比为 6∶3∶1，绩效奖金占比较重，更看重员工的业绩，而非工作行为，此结构适合一线销售人员 2. 工资、绩效奖金、年终奖之比为 6∶2∶2，年终奖占比不少，对员工的整体质素比较看重，此结构适合销售经理这类兼具管理的岗位
技术岗位	1. 工资、绩效奖金、年终奖之比为 8∶1∶1，按照技能证书、技术经验设置基本工资，技能越优秀基本工资越高，之所以设置绩效奖金，主要针对一些可量化的工作成果，如修改漏洞 2. 工资、绩效奖金、年终奖之比为 8∶0∶2，不设置绩效奖金，提高年终奖的比例，对技术岗位员工的整体行为进行约束
管理服务岗位	工资、绩效奖金、年终奖之比为 9∶0∶1，主要针对一些管理岗位，如人事、财务、行政、后勤等，工作内容较为死板，基本工资占比极高，可让其安心稳定的工作，努力晋升

　　薪酬结构中基本工资是员工生活的保障，可为员工带来安全感；绩效工资是员工工作的动力，能够鼓励员工创造业绩；还可以设置一些行为奖金，如年终奖，约束员工的行为，让其遵守公司的规章制度。

　　除了考虑岗位性质外，HR 不能忽略高级管理层与普通员工的差别，在大型公司中，高级管理层的总收入中可能包括股权收益、公司业绩收益，这些变动工资往往占比较高，固定工资反而不值一提。

公司除了从内部出发合理优化薪酬结构外，还要辅以外部措施，如了解同行业的薪资水平，使薪酬结构的优化具有对外竞争力。

3.2.8　特殊的劳务派遣人员工资

劳务派遣人员指的是被劳务公司派到企业工作的员工。有的企业会将非核心员工或非专业性工作外包给劳务公司，如文员、市场营销员、生产线简单操作工、保安、汽车驾驶员、搬运工、清洁工，双方签订劳务派遣协议或专业劳务承包协议。

按理说，劳务派遣人员不是公司的正式员工，但既进入公司工作，用工单位应当按照同工同酬原则，对被派遣劳动者与本单位同类岗位的劳动者实行相同的劳动报酬分配办法。

用工单位无同类岗位劳动者的，参照用工单位所在地相同或者相近岗位劳动者的劳动报酬确定。

知识扩展 依照法律规定聘用劳务派遣人员

劳务派遣人员在人力市场中属于弱势群体，为了保障这类人群的权益，国家法律对聘用劳务派遣人员有具体的规定，企业需按照法律规定安排劳务派遣人员做工，以免陷入法律纠纷，影响公司形象和经营状况。

根据《中华人民共和国劳动合同法》（以下简称《劳动合同法》）第六十六条规定，劳务派遣用工是补充形式，只能在临时性、辅助性或者替代性的工作岗位上实施。

前款规定的临时性工作岗位是指存续时间不超过六个月的岗位；辅助性工作岗位是指为主营业务岗位提供服务的非主营业务岗位；替代性工作岗位是指用工单位的劳动者因脱产学习、休假等原因无法工作的一定期间内，可以由其他劳动者替代工作的岗位。

那么劳务派遣人员的工资应该由谁支付呢？通常按以下三种情况处理。

（1）公司支付，派遣机构发放

由于劳务派遣机构不清楚派遣员工的工作内容与计薪标准，难以准确核算员工工资，所以多数公司都采用这种模式发放派遣员工工资，图 3-6

所示为具体的发放流程。

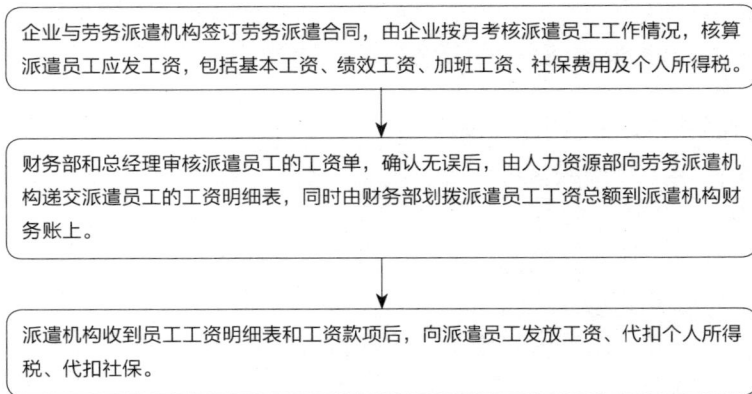

企业与劳务派遣机构签订劳务派遣合同，由企业按月考核派遣员工工作情况，核算派遣员工应发工资，包括基本工资、绩效工资、加班工资、社保费用及个人所得税。

↓

财务部和总经理审核派遣员工的工资单，确认无误后，由人力资源部向劳务派遣机构递交派遣员工的工资明细表，同时由财务部划拨派遣员工工资总额到派遣机构财务账上。

↓

派遣机构收到员工工资明细表和工资款项后，向派遣员工发放工资、代扣个人所得税、代扣社保。

图 3-6　劳务派遣流程

这样的工资发放形式，派遣公司仅收取企业支付的服务费，且需要事先在合同中约定好，如下例所示为某公司拟定的劳务派遣合同，其中对劳务人员的工资及派遣公司的服务费进行了约定。

范例解析 劳务派遣合同中有关酬劳的内容

第四条　劳务人员的工资、社会保险及福利待遇等

1. 劳务人员在法定时间内提供正常劳动的情况下，试用期月工资与试用期满后的月工资由甲方与劳务人员具体协商确定并书面载明作为本合同的附件，工资标准的确定应符合规定要求。乙方需要劳务人员延长工作时间的，应采用面洽或预先告知等适当方式与劳务人员进行协商，并依法给付加班工资。

2. 甲方依照 ×× 市有关社会保险规定的标准，为劳务人员缴纳的养老、失业、医疗、工伤、生育保险、特种行业保险和住房公积金等费用由乙方承担。

3. 乙方应于每月 × 日前向甲方逐月支付应付给劳务人员的工资和应缴纳的社会保险费、住房公积金。当月 × 日前报到的劳务人员的工资按全月标准支付；当月 × 日后报到的工资按半月标准支付，但社会保险费和住房公积金需按全月标准支付。因劳务人员报到日期的原因而致乙方未能及时给付劳务人员第一个月工资及社会保险费的，乙方应于次月 × 日前一并补足支付给甲方。甲方根据乙方提供的劳务人员当月的工资清单及社会保险、住房公积金额，在次月 × 日前支付给劳务人员，并负责办理劳务人员社会

保险费、住房公积金缴纳手续。根据岗位考核，个人工资有出入的，在本人下月工资中进行清算。

4. 劳务人员在工作期限内发生工伤或其他事故，乙方负责抢救，并及时通知甲方。甲方负责办理工伤保险待遇的申请手续。除由社会保险机构承担劳务人员和第三人的部分保险待遇外，其余应由甲方向劳务人员和第三人承担的各种相关费用由提供岗位的乙方承担。

5. 乙方应按照国家有关规定为劳务人员提供安全、卫生的工作环境及劳动条件，保障劳务人员的工作安全。

6. 乙方可根据需要对劳务人员进行业务和技能方面的培训，其培训费用由乙方和劳务人员直接商定。

7. 劳务人员在乙方工作期间享有法定的节假日、婚假、产假等待遇。

第五条　甲方的管理费收取

1. 乙方依据甲方实际派遣的劳务人员人数，按月向甲方给付劳务人员管理费。乙方使用派遣人员在 × 人以下的，管理费标准为每人每月 × 元；× 人以上 × 人以下的，管理费标准为每人每月 × 元；× 人以上的，管理费标准为每人每月 × 元。当月 × 日前向乙方报到的劳务人员当月管理费按全月的标准计算；当月 × 日后向乙方报到的劳务人员，当月管理费按半价支付。

2. 乙方应在每月 × 日前将甲方上月应得的劳务管理费和劳务人员上个月的养老、失业、医疗、工伤、生育保险、特种行业保险和住房公积金等费用汇人甲方指定的银行账号。因双方与劳务人员均可谅解的原因而致乙方未能及时向甲方给付的各项费用，乙方应于次月 × 日前一并补足支付给甲方。

（2）公司支付并发放

这种工资发放方式主要针对一些兼职机构，公司只需在劳务派遣合同中与其约定由公司直接发放工资即可，其只收取接受劳务的公司支付的一定数额的服务费。

当公司直接向派遣员工支付工资时，就要将这部分劳务费确认为员工的工资，以"应付职工薪酬"科目核算。

（3）劳务派遣公司支付并发放

有的劳务派遣公司其业务较为特殊，需要专门培养，如保洁、保安，在接受企业委托时，一般直接向企业收取服务费，提供专业人员和所需工具，并依据派遣公司的规定向员工支付并发放薪酬。

而接受服务的公司就无须处理派遣员工的工资问题，此种情况下，公司会将支出的服务费确认为行政管理费用，以"管理费用"科目核算。

知识扩展 **用工单位的义务**

　　用工单位在接收劳务派遣人员时，应该清楚自己的义务，根据《劳动合同法》第六十二条规定，用工单位应当履行下列义务：

　　（一）执行国家劳动标准，提供相应的劳动条件和劳动保护；

　　（二）告知被派遣劳动者的工作要求和劳动报酬；

　　（三）支付加班费、绩效奖金，提供与工作岗位相关的福利待遇；

　　（四）对在岗被派遣劳动者进行工作岗位所必需的培训；

　　（五）连续用工的，实行正常的工资调整机制。

　　用工单位不得将被派遣劳动者再派遣到其他用人单位。

第4章
社保与税费的缴纳怎么做

　　社保是国家法律规定的用人单位必须给员工购买的保障福利，HR 必须了解社保缴费的基础知识，按时缴纳员工社保，避免企业陷入用工风险中。另外，个税虽是财务部负责结算缴纳，但 HR 也应清楚基本的结算方式，多把一道关。

4.1　社保的统计与核算

社保是社会保障制度的一个最重要的组成部分，为丧失劳动能力、暂时失去劳动岗位或因健康原因造成损失的人口提供收入或补偿的一种社会和经济制度。

按照我国法律规定，所有正规的企业都要为员工购买社会保险，那么社保的统计、核算和缴纳该如何进行呢？

4.1.1　了解社保、医保与公积金

社会保险的主要项目包括养老保险、失业保险和工伤保险，简称"三险"。"三险"的具体介绍，见表 4-1。

表 4-1　"三险"的具体介绍

社保项目	具体介绍
养老保险	其全称为社会基本养老保险，是国家和社会根据一定的法律和法规，为解决劳动者在达到国家规定的解除劳动义务的劳动年龄界限，或因年老丧失劳动能力退出劳动岗位后的基本生活而建立的制度。职工应当参加基本养老保险，由用人单位和职工共同缴纳基本养老保险费
工伤保险	是指劳动者在工作中或在规定的特殊情况下，遭受意外伤害或患职业病导致暂时或永久丧失劳动能力以及死亡时，劳动者或其遗属从国家和社会获得物质帮助的一种制度。工伤保险费按照保险基数进行缴纳，由公司全额缴纳 工伤的责任无论是在个人还是在公司，都享有社会保险待遇，即补偿不究过失的原则
失业保险	是指国家通过立法强制实行的，对因失业而暂时中断生活来源的劳动者提供物质帮助以保障其基本生活的制度。由单位和职工个人共同缴纳，以及国家财政补贴等渠道筹集资金，建立失业保险基金

而医保一般指基本医疗保险，是为了补偿劳动者因疾病风险造成的经济损失而建立的一项制度。由单位和职工个人共同缴纳，建立医疗保险基金，参保人员患病就诊发生医疗费用后，由医疗保险机构对其给予一定的经济补偿，减轻医疗费用负担，防止患病的社会成员"因病致贫"。

在医保中还有一项保险是较为特殊的，即生育保险，是国家通过立法，在怀孕和分娩的妇女劳动者暂时中断劳动时，由国家和社会提供医疗服务、

生育津贴和产假的一种制度。生育保险费按照保险基数进行缴纳，由公司全额缴纳。

> **知识扩展** 什么是大病医疗互助补充保险
>
> 　　有的城市如成都，除了基本医疗保险，还有一项大病医疗互助补充保险。是指城镇职工在参加基本医疗保险的基础上，为解决参保患者超过基本医疗保险统筹基金最高支付限额以上的医疗费问题，而设立的一种社会医疗互助制度，以保障职工的大病医疗需求。
>
> 　　以统账结合方式参加城镇职工基本医疗保险的，随基本医疗保险费一并缴纳。

住房公积金就是我们常说的"一金"，是指国家机关、国有企业、城镇集体企业、外商投资企业、城镇私营企业及其他城镇企业、事业单位、民办非企业单位、社会团体及其在职职工缴存的长期住房储金。

住房公积金的定义包含以下几个方面的含义。

①在职职工由单位开设住房公积金账户。

②住房公积金由两部分组成，一部分由职工所在单位缴存，另一部分由职工个人缴存。职工个人缴存部分由单位代扣后，连同单位缴存部分一并缴存到住房公积金个人账户内。

③住房公积金缴存的长期性。住房公积金制度一经建立，职工在职期间必须不间断地按规定缴存，除职工离职退休或发生《住房公积金管理条例》规定的其他情形外，不得中止和中断。体现了住房公积金的稳定性、统一性、规范性和强制性。

④住房公积金是职工按规定存储起来的专项用于住房消费支出的个人住房储金，具有两个特征：积累性和专用性。

4.1.2　社保的缴费基数与比例

企业要为员工购买社保，当然要清楚缴纳社保的两个基本因素，一是缴费基数，二是缴费比例，计算保费需要用到如下公式。

$$社保缴费金额 = 社保缴费基数 \times 社保缴费比例$$

（1）社保缴费基数

社会保险基数简称社保基数，是指职工在一个社保年度的社会保险缴费基数。社会保险缴费基数是计算用人单位及其职工缴纳社保费和职工社会保险待遇的重要依据，有上限和下限之分，具体数额根据各地区实际情况而定。

- ◆ **缴费基数上限**：职工工资收入超过上一年省、市在岗职工月平均工资算术平均数 300% 以上的部分，不计入缴费基数。
- ◆ **缴费基数下限**：职工工资收入低于上一年省、市在岗职工月平均工资算术平均数 60% 的，以上一年省、市在岗职工月平均工资算术平均数的 60% 为缴费基数。

换句话说，职工社保的缴费基数不能低于上一年省、市在岗职工月平均工资算术平均数的 60%，也不得高于上一年省、市在岗职工月平均工资算术平均数的 300%。比如社会平均工资是 1 000 元，缴纳的基数在 600 元 ~ 3 000 元。

在缴费基数的上下限区间中，企业可以根据自己的实际情况选择合适的缴费基数为员工缴纳社保。通常，国家在每年 7、8 月都会调整社保缴费基数，HR 登录社会保险网上经办系统就能了解到。

（2）社保缴费比例

社保缴费比例也称社保费率，分为个人缴费比例和单位缴费比例两个部分，按照我国现行的社会保险相关政策的规定，对不同的社保险种实行不同的征缴比例，且不同地方的社保缴费比例也会不同。成都市社保缴费比例，见表 4-2。

表 4-2　2022 年 1 月以后成都市社保缴费比例

社保项目	单位缴费比例	个人缴费比例
基本养老保险	16%	8%
失业保险	0.6%	0.4%
工伤保险	0.1% ~ 1.425%	个人不缴纳
基本医疗保险	6.9%	2%
生育保险	0.8%	个人不缴纳
大病医疗互助补充保险	0.6%	个人不缴纳

不同地区，各社保项目适用的缴费比例是不同的，且会依据当地政策做出改变，下面通过一个案例，来了解社保费用的计算。

范例解析　社保费用的计算

　　某建筑公司 2022 年的社保缴费基数为 3 726.00 元，按照规定的社保缴费比例，HR 可对单位与个人的缴纳费用进行简单核算，清楚企业每月需要支出的社保缴纳费用。

　　1. 每月企业缴纳社保费用。

　　基本养老保险费用 =3 726.00×16%=596.16（元）

　　失业保险费用 =3 726.00×0.6%=22.36（元）

　　工伤保险费用 =3 726.00×0.1%=3.73（元）

　　基本医疗保险费用 =3 726.00×6.9%=257.09（元）

　　生育保险费用 =3 726.00×0.8%=29.81（元）

　　大病医疗互助补充保险费用 =3 726.00×0.6%=22.36（元）

　　合计：596.16+22.36+3.73+257.09+29.81+22.36=931.51（元）

　　2. 每月个人缴纳社保费用

　　基本养老保险费用 =3 726.00×8%=298.08（元）

　　失业保险费用 =3 726.00×0.4%=14.90（元）

　　基本医疗保险费用 =3 726.00×2%=74.52（元）

　　合计：298.08+14.90+74.52=387.50（元）

　　从案例中可知该公司每月为单个员工支付的社保费用为 931.51 元，若公司有 10 位员工，每月的社保支出为 9 315.10 元；若公司有 100 位员工，则每月的社保支出为 93 151.00 元，规模越大社保支出越大。当然，社保支出会随政策上下浮动。

　　要注意的是，有些地区规定的基本养老保险的缴费基数与其他几种保险的缴费基数是不一样的，具体按照当地标准执行。

　　而且实务中，不需要 HR 逐个计算缴费数额，由系统直接按照相关算法就能一次性全部统计出来。

4.1.3　公积金的缴费基数与比例

　　很多公司除了为员工购买社保，还会购买公积金，以减轻员工的购房压力，HR 在核算员工住房公积金的缴存金额之前，首先要了解住房公积金的缴存基数和缴存比例。

　　（1）住房公积金的缴存基数

　　根据《住房公积金管理条例》第十六条规定，职工住房公积金的月缴存额为职工本人上一年度月平均工资乘以职工住房公积金缴存比例。

单位为职工缴存的住房公积金的月缴存额为职工本人上一年度月平均工资乘以单位住房公积金缴存比例。

可知住房公积金的缴存基数为职工本人上一年度月平均工资，但是，由于收入高的人和收入低的人，收入水平相差很大，于是，住房公积金管理中心设置了缴存基数的上下限。

◆ 住房公积金缴存基数上限：不应超过职工工作地人社部门公布的上一年度职工月平均工资的 3 倍。

◆ 住房公积金缴存基数下限：不应低于职工工作地上一年度最低工资标准。

知识扩展 **公积金缴存基数的计算组成**

住房公积金的月缴存基数与员工工资收入有关，具体是指员工的应发工资，即未扣除相应社保、个税等的工资总额，应包括基本工资、计时工资、计件工资、奖金、津贴和补贴、加班加点工资等组成部分。具体以单位申报的基数为准。

与社保缴费基数一样，住房公积金的缴存基数也会每年调整一次，具体的调整时间由当地住房公积金管理中心提前行文通知。一般来说，公司会在发布的上下限区间，结合公司具体情况，选择合适的缴存基数，为员工统一缴存住房公积金。

（2）住房公积金的缴存比例

住房公积金的缴存比例就是住房公积金的征缴费率。按照相关法律法规的规定，用人单位和职工个人缴纳住房公积金的缴存比例是相同的，而住房公积金的缴存比例在 5%～12%，公司可根据自身规模确定公积金的缴费比例。

下面通过具体的案例展示公积金的缴存数额的核算。

范例解析 **核算公积金的缴存数额**

王丽任职于成都市内的一家新媒体公司，成都市 2022 年的公积金缴存基数在 1 780～25 499 元，由于公司规模不大，所以向公积金管理中心申报的缴存基数和缴存比例分别为 6 000 元和 10%，那么，该公司员工公积金的缴存情况如下所示。

公司代扣代缴数额 =6 000×10%=600（元）

员工个人缴存数额 =6 000×10%=600（元）

也就是说，该员工 2022 年每月会向公积金账户存入 1 200 元。

4.1.4　了解社保与公积金的有关注意事项

除了社保与公积金的费用核算问题，作为 HR 还应了解其他相关的注意事项，有了更全面细致地了解，在办理社保与公积金的申报缴纳工作时就更得心应手。

HR 在为员工缴纳社保时，需要格外注意以下四点问题。

①企业需要在成立之日起 30 日内去当地社保局办理社保开户。

②用人单位每月都必须把新增加的员工信息添加到企业的社保账户中，并把已经离职的员工从账户中删除。

③用人单位每月要为员工申报正确的社保缴费基数，以确保社保的正常缴纳。

④如果企业、银行和社保管理机构三方签订了银行代缴协议，则社保费用将在每月约定好的固定时间从企业的银行账户中直接扣除。当然，企业也可以选择通过现金或支票的形式自行缴费。

企业缴纳住房公积金同样需要注意一些细节问题，见表 4-3。

表 4-3　住房公积金的缴纳注意事项

注意事项	具体介绍
缴存登记办理期限	新成立的企业应从设立之日起 30 日内到当地住房公积金管理中心办理缴存登记
缴存时限	用人单位应在每月发放员工工资之日起 5 日内将单位缴存的和为职工代缴的住房公积金汇缴到住房公积金管理中心的住房公积金专户内 新参加工作的职工从参加工作的第二个月起开始缴存住房公积金；新调入的职工从调入单位发放工资的当月起开始缴存住房公积金
补缴住房公积金	单位补缴住房公积金（包括自行补缴和人民法院强制补缴）的数额，可根据实际情况采取不同方式确定。单位从未缴存住房公积金的，应按照实际经营情况补缴欠缴职工的住房公积金
同地转移手续	职工在同一缴存地单位之间调动及单位合并、分立的情况下，可办理住房公积金的转移手续。办理转移时，填写"住房公积金转移凭证"，并加盖调入、调出单位公章，HR 要注意配合新入职员工

续上表

注意事项	具体介绍
封存住房公积金账户	单位与职工终止劳动关系的，单位应自劳动关系终止之日起 30 日内到当地住房公积金管理中心办理职工住房公积金账户封存手续，填写"变更清册"（一式两份，加盖公章）

4.1.5 社保与商业保险的区别

社保是国家强制单位为员工缴纳的，而商业保险是由专门的保险企业经营，通过订立保险合同运营，以营利为目的的保险形式。

很多大型企业，除了按法律规定为员工缴纳社保外，还会单独为员工购买商业保险，并将此作为公司福利的一部分。

社保与商业保险的区别见表 4-4。

表 4-4 社保与商业保险的区别

区 别	具体介绍
保障水平	社保为被保险人提供最基本的保障，其水平高于社会贫困线，保障程度较低 商业保险可依据缴纳保费的多少和保险条款决定保障水平，被保险人可获得高水平的保障
性质	社保具有强制性、互济性和福利性，而商业保险以自愿为原则，具有赔偿性和盈利性，为遭受损失的企业或个人提供经济赔偿
立法范畴	社保是国家对劳动者应尽的义务，属于劳动立法范畴 商业保险是一种金融活动，属于经济立法范畴

企业要为员工购买商业保险，需要结合公司的主营业务、岗位分配以及经济现状进行考虑，一般来说，企业会选择以下四种险种。

（1）团体意外险

团体意外险是以团体方式投保的人身意外保险，主要防范意外类风险，包括意外伤害身故／伤残、意外伤害医疗、意外住院津贴、交通意外等保障项目。

（2）团体寿险

团体寿险是以团体为对象，以团体的所有成员或者大部分成员为被保险人的一种人寿保险。一般都不进行体检，主要防范身故类风险，保障被保险人的身故和高度残疾。有定期寿险、一年定期寿险、终身寿险等。

（3）团体健康险

团体健康险是以各种社会团体为投保人，以其所属员工为被保险人（包含团体中的退休员工），当被保险人因疾病或分娩住院时，由保险人负责对其住院期间的治疗费用、住院费用、看护费用，以及在被保险人由于疾病或分娩致残疾时，由保险人负责给付残疾保险金的一种团体保险。包括补充住院、生育费用、重大疾病保险、住院津贴、补充门诊、急诊等保障项目。

（4）团体养老保险

团体养老保险是以某个企业、事业单位、机关和社会团体等组织的成员（可包括成员配偶、子女和父母）为被保险人（不少于 5 人），保险人用一份保险合同承保，在被保险人生存至国家规定的退休年龄后，保险人按照保险合同约定给付养老金的人寿保险。主要为员工提供养老保障，保险责任包括养老年金、身故保险金、身体全残保险金。

意外险、寿险和健康险是基础性保险，而养老保险是需要长期投入的险种，需要企业支出的保费非常多，一些公司只为高级人才和管理人才购买。

而根据企业的性质不同，选择购买的险种也各有区别，例如：

- ◆ 对于新媒体企业、设计行业等几乎是文职岗位的公司，投保健康险是最常见的。
- ◆ 而对于生产制造企业、建筑行业来说，操作岗位较多，且容易发生意外，一般考虑为员工购买意外险。
- ◆ 对于预算不足的企业，基本不会考虑购买养老保险，而是投保意外险、重疾险之类费率较低、保障较高的险种。

当公司按照自身内部议事规则，经过董事会或经理办公会议决议，改革内部分配制度，从而在实际发放工资和社会保险统筹外，为职工购买商业保险的，会涉及一些财务问题。

①单位统一为员工购买符合规定的税收优惠型商业健康保险产品的支出，应计入员工个人工资薪金，视同个人购买，允许在当年（月）计算应纳税所得额时予以税前扣除，扣除限额为 2 400 元 / 年（200 元 / 月）。

②除企业依照国家有关规定为特殊工种职工支付的人身安全保险费和国务院财政、税务主管部门规定可以扣除的其他商业保险费外，企业为投资者或者职工支付的商业保险费，不得扣除。

③单位为个人缴纳的其他商业保险,在《中华人民共和国个人所得税法》及相关文件没有规定免税的,应并入个人的工资薪金所得缴纳个人所得税。

4.1.6 扣除社保缴纳税费

社保和住房公积金是个人所得税的税前扣除项目,在实际操作中,要先将社保和公积金从工资总额中扣除,再按剩余的工资数额缴纳个人所得税,具体的税前扣除项目有以下四项。

◆ 个人缴纳部分的基本养老保险费。

◆ 个人缴纳部分的基本医疗保险费。

◆ 个人缴纳部分的失业保险费。

◆ 个人缴存部分的住房公积金。

下面我们通过一个具体的案例来认识社保和公积金不缴纳税费的规定。

范例解析 计缴税费前扣除社保与公积金

王一是某服饰生产企业的采购人员,已知会计核算出其 9 月的应发工资为 7 150.00 元,而该公司当年 9 月个人应缴纳社保并缴存住房公积金共 887.50 元,单位应为王一交纳社保并缴存住房公积金共 1 431.50 元。不存在其他扣除项,王一 9 月需要缴纳多少个人所得税?

应纳税所得额 =7 150.00−5 000.00−887.50=1 262.50（元）

根据个人所得税税率表可知,王一 9 月适用个人所得税税率为 3%,速算扣除数为 0。

应纳税额 =1 262.50×3%=37.88（元）

个人所得税应纳税所得额和应纳税额的计算公式如下所示,HR 应该有所了解。

应纳税所得额 = 月收入 −5 000.00（免征额）− 专项扣除（三险一金）−
专项附加扣除 − 依法确定的其他扣除
应纳税额 = 应纳税所得额 × 适用税率 − 速算扣除数

4.2 个人所得税如何缴纳

个人所得税与员工的工资紧密相连,虽然无须人力资源部进行核算,但个税问题往往是牵一发而动全身,是员工最关心的,作为称职的人事工作者，也应该了解个人所得税的征税范围、免征额、税前扣除和超额累进税率等概念。

4.2.1　个人所得税征税内容有哪些

个人所得税是对个人收入所得征收的一种税，凡是企业的职工都由单位代扣代缴个人所得税。在我国，个人所得税的征税内容主要包括九项。

（1）**工资、薪金所得**

工资、薪金所得，是指个人因任职或受雇而取得的工资、薪金、奖金、年终加薪、劳动分红、津贴、补贴以及与任职或受雇有关的其他所得。

（2）**劳务报酬所得**

劳务报酬所得，是指个人从事设计、装潢、安装、制图、化验、测试、医疗、法律、会计、咨询、讲学、新闻、广播、翻译、审稿、书画、雕刻、影视、录音、录像、演出、表演、广告、展览、技术服务、介绍服务、经济服务、代办服务以及其他劳务取得的所得。

劳务报酬所得与工资、薪金所得的区别，主要在个人是否受雇于某单位。劳务报酬所得是个人独立从事自由职业取得的所得。

（3）**稿酬所得**

稿酬所得，是指个人因其作品以图书、报纸形式出版、发表而取得的所得。这里所说的"作品"，是指包括中外文字、图片、乐谱等能以图书、报刊方式出版、发表的作品；"个人作品"，包括本人的著作、翻译的作品等。个人取得遗作稿酬，应按稿酬所得项目计税。

（4）**特许权使用费所得**

特许权使用费所得，是指个人提供专利权、著作权、商标权、非专利技术以及其他特许权的使用权取得的所得。提供著作权的使用权取得的所得，不包括稿酬所得。

作者将自己文字作品手稿原件或复印件公开拍卖（竞价）取得的所得，应按特许权使用费所得项目计税。

（5）**经营所得**

经营所得包括个体工商户的生产、经营所得和对企业事业单位的承包经营、承租经营所得。个体工商户的生产、经营所得包括以下四个方面。

◆ 经工商行政管理部门批准开业并领取营业执照的城乡个体工商户，从事工业、手工业、建筑业、交通运输业、商业、饮食业、服务业、修理业及其他行业的生产、经营取得的所得。

◆ 个人经政府有关部门批准，取得营业执照，从事办学、医疗、咨询以及其他有偿服务活动取得的所得。

◆ 其他个人从事个体工商业生产、经营取得的所得，即个人临时从事生产、经营活动取得的所得。

◆ 上述个体工商户和个人取得的生产、经营有关的各项应税所得。

对企事业单位的承包经营、承租经营所得，是指个人承包经营、承租经营以及转包、转租取得的所得，包括个人按月或者按次取得的工资、薪金性质的所得。

（6）**利息、股息、红利所得**

利息、股息、红利所得，是指个人拥有债权、股权而取得的利息、股息、红利所得。具体包括以下方面。

◆ 利息是指个人的存款利息（已取消）、贷款利息和购买各种债券的利息。

◆ 股息，也称股利，是指股票持有人根据股份制公司章程规定，凭股票定期从股份公司取得的投资利益。

◆ 红利，也称公司（企业）分红，是指股份公司或企业根据应分配的利润按股份分配超过股息部分的利润。

股份制企业以股票形式向股东个人支付股息、红利，应以派发的股票面额为收入额计税。

（7）**财产租赁所得**

财产租赁所得，是指个人出租建筑物、土地使用权、机器设备、车船以及其他财产取得的所得。财产包括动产和不动产。

（8）**财产转让所得**

财产转让所得，是指个人转让有价证券、股权、建筑物、土地使用权、机器设备、车船以及其他自有财产给他人或单位而取得的所得，包括转让不动产和动产而取得的所得。对个人股票买卖取得的所得暂不征税。

（9）**偶然所得**

偶然所得，是指个人取得的所得是非经常性的，属于各种机遇性所得，包括得奖、中奖、中彩以及其他偶然性质的所得（含奖金、实物和有价证券）。

　　个人购买社会福利有奖募捐奖券、中国体育彩票，一次中奖收入不超过
10 000 元的，免征个人所得税，超过 10 000 元的，应以全额按偶然所得项目计税。

4.2.2　个税减免政策有哪些

　　为了减轻个人负担，国家针对个人所得税出台了一些减免政策，包括
免征额与减免项目。免征额也称"免税点"，是税法规定课税对象中免予
征税的数额。

　　无论课税对象的数额有多少，免征额的部分都不征收个人所得税，而
仅对超过免征额的部分征税。2018 年 8 月 31 日，修改个人所得税法的决定
通过，免征额每月 5 000 元（每年 6 万元）。

> **知识扩展** 免征额和起征点的区别
>
> 　　起征点又称"征税起点"，是指税法规定对课税对象开始征税的最低界。
> 个人收入未达到起征点的，不缴纳个人所得税；达到或超过起征点的，需按
> 课税对象的全部金额计缴个人所得税。免征额和起征点是两个不同的概念，
> 在我国，个人所得税的计缴采用的是免征额而非起征点。

　　个人所得税的减免项目很多，作为公司的人力资源，需要对与企业有
关的减免项目多加了解。一些减免项目见表 4-5。

表 4-5　个人所得税的减免项目

序　　号	减免项目
1	福利费，即由于某些特定事件或原因而给职工或其家庭的正常生活造成一定困难，企业、事业单位、国家机关、社会团体从其根据国家有关规定提留的福利费或者工会经费中支付给职工的临时性生活困难补助，免征个人所得税。下列收入不属于免税的福利费范围，应当并入工资、薪金收入计征个人所得税： 　　①从超出国家规定的比例或基数计提的福利费、工会经费中支付给个人的各种补贴、补助 　　②从福利费和工会经费中支付给单位职工的人人有份的补贴、津贴 　　③单位为个人购买汽车、住房、电子计算机等不属于临时性生活困难补助性质的支出
2	个人转让上市公司股票取得的所得暂免征收个人所得税

续上表

序 号	减免项目
3	按照国家统一规定发给干部、职工的安家费、退职费（指个人符合《国务院关于工人退休、退职的暂行办法》规定的退职条件并按该办法规定的标准领取的退职费）、退休费、离休工资、离休生活补助费，免征个人所得税
4	企业和个人按照国家或地方政府规定的比例提取并向指定金融机构实际缴纳的住房公积金、失业保险费、医疗保险费、基本养老保险金，不计入个人当期的工资、薪金收入，免征个人所得税。超过国家或地方政府规定的比例缴付的住房公积金、失业保险费、医疗保险费、基本养老保险金，其超过规定的部分应当并入个人当期工资、薪金收入，计征个人所得税。个人领取原提存的住房公积金、失业保险费、医疗保险费、基本养老保险金时免征个人所得税

4.2.3 专项扣除与专项附加扣除

在计缴员工个人所得税时，首先要确定员工的应纳税额是多少，除了统计员工的应发工资，还应确定税前的扣除项目，尤其是个税的专项扣除与专项附加扣除项目。

个税的专项扣除就是我们常说的"三险一金"，即养老保险、失业保险、医疗保险和住房公积金，这是首先要扣除的。

而专项附加扣除的项目数量就比较多了，见表4-6。

表4-6 专项附加扣除的项目

项 目	具体介绍
子女教育	1. 纳税人的子女接受全日制学历教育的相关支出，按照每个子女每月 1 000 元的标准定额扣除。如果有两个小孩，父母一共可扣除的限额就是 2 000 元 2. 学历教育包括义务教育（小学、初中教育）、高中阶段教育（普通高中、中等职业、技工教育）、高等教育（大学专科、大学本科、硕士研究生、博士研究生教育） 3. 父母可以选择由其中一方按扣除标准的 100% 扣除，也可以选择由双方分别按扣除标准的 50% 扣除，具体扣除方式在一个纳税年度内不能变更

续上表

项　　目	具体介绍
继续教育	1. 纳税人在中国境内接受学历（学位）继续教育的支出，在学历（学位）教育期间按照每月 400 元定额扣除。同一学历（学位）继续教育的扣除期限不能超过 48 个月 2. 纳税人接受技能人员职业资格继续教育、专业技术人员职业资格继续教育的支出，在取得相关证书的当年，按照 3 600 元定额扣除 3. 个人接受本科及以下学历（学位）继续教育，符合本办法规定扣除条件的，可以选择由其父母扣除，也可以选择由本人扣除
大病医疗	1. 在一个纳税年度内，纳税人发生的与基本医保相关的医药费用支出，扣除医保报销后个人负担（指医保目录范围内的自付部分）累计超过 15 000 元的部分，由纳税人在办理年度汇算清缴时，在 80 000 元限额内据实扣除 2. 纳税人发生的医药费用支出可以选择由本人或者其配偶扣除；未成年子女发生的医药费用支出可以选择由其父母一方扣除
住房贷款利息	1. 纳税人本人或者配偶单独或者共同使用商业银行或者住房公积金个人住房贷款为本人或者其配偶购买中国境内住房，发生的首套住房贷款利息支出，在实际发生贷款利息的年度，按照每月 1 000 元的标准定额扣除，扣除期限最长不超过 240 个月。纳税人只能享受一次首套住房贷款的利息扣除 2. 经夫妻双方约定，可以选择由其中一方扣除，具体扣除方式在一个纳税年度内不能变更 3. 夫妻双方婚前分别购买住房发生的首套住房贷款，其贷款利息支出，婚后可以选择其中一套购买的住房，由购买方按扣除标准的 100% 扣除，也可以由夫妻双方对各自购买的住房分别按扣除标准的 50% 扣除，具体扣除方式在一个纳税年度内不能变更
赡养老人	1. 纳税人赡养一位及以上被赡养人的赡养支出，统一按照以下标准定额扣除： 纳税人为独生子女的，按照每月 2 000 元的标准定额扣除 纳税人为非独生子女的，由其与兄弟姐妹分摊每月 2 000 元的扣除额度，每人分摊的额度不能超过每月 1 000 元 2. 被赡养人是指年满 60 岁的父母，以及子女均已去世的年满 60 岁的祖父母、外祖父母

续上表

项　目	具体介绍
住房租金	1. 纳税人在主要工作城市没有自有住房而发生的住房租金支出，可以按照以下标准定额扣除： 　直辖市、省会（首府）城市、计划单列市以及国务院确定的其他城市，扣除标准为每月 1 500 元 　除第一项所列城市以外，市辖区户籍人口超过 100 万的城市，扣除标准为每月 1 100 元 　市辖区户籍人口不超过 100 万的城市，扣除标准为每月 800 元 　2. 市辖区户籍人口，以国家统计局公布的数据为准 　3. 夫妻双方主要工作城市相同的，只能由一方扣除住房租金支出 　4. 住房贷款利息和住房租金二者只能选其一进行扣缴
3 岁以下婴幼儿照护	1. 纳税人照护 3 岁以下婴幼儿的相关支出，按照每个婴幼儿每月 1 000 元的标准定额扣除 　2. 监护人可选择由其中一方按扣除标准的 100% 扣除，也可以选择由双方分别按扣除标准的 50% 扣除，具体扣除方式在一个纳税年度内不能变更

4.2.4　个税超额累进率

　　超额累进税率是指把同一计税基数划分为相应等级，分别适用各等级的税率，分别计算税额，各等级税额之和才是应纳税额。超额累进税率的"超"字，是指征税对象数额超过某一等级时，仅就超过部分，按高一级税率计算征税。目前，我国税法中运用到超额累进税率的税种主要是个人所得税。

　　而个人工资、薪金所得适用 7 级超额累进税率，该税率按个人月工资、薪金应税所得额划分级距，最高一级为 45%，最低一级为 3%，共 7 级。如下所示。

　　①全年应纳税所得额不超过 36 000 元的，税率为 3%，速算扣除数 0 元。

　　②全年应纳税所得额超过 36 000 元至 144 000 元，税率为 10%，速算扣除数 2 520 元。

　　③全年应纳税所得额超过 144 000 元至 300 000 元，税率为 20%，速算扣除数 16 920 元。

　　④全年应纳税所得额超过 300 000 元至 420 000 元，税率为 25%，速算

扣除数 31 920 元。

⑤全年应纳税所得额超过 420 000 元至 660 000 元，税率为 30%，速算扣除数 52 920 元。

⑥全年应纳税所得额超过 660 000 元至 960 000 元，税率为 35%，速算扣除数 85 920 元。

⑦全年应纳税所得额超过 960 000，税率为 45%，速算扣除数 181 920 元。

全年应纳税所得额是指按照个人所得税法修正案的第六条的规定，居民个人取得综合所得以每一纳税年度收入额减除费用 6 万元以及专项扣除、专项附加扣除和依法确定的其他扣除后的余额。

而速算扣除数是指为解决超额累进税率分级计算税额的复杂技术问题，而预先计算出的一个数据。下面通过一个案例来认识速算扣除数的简便计算方法。

范例解析 **速算扣除数的计算方法**

张月是某广告公司的高管，年收入 50 万元，在计缴个税的时候，首先要扣除 6 万元的免征额，以及 4 000 元 / 月的"三险一金"（专项扣除）。

另外，由于张月目前在还房贷，且要赡养父母，因此一年可以抵扣 36 000 元的专项附加扣除。那么，张月的个人所得税计算如下。

应纳税所得额 =500 000−60 000−4 000×12−36 000=356 000（元）

【方式 1】

①不超过 36 000 的部分，应纳税额 =36 000×3%=1 080（元）

②超过 36000 至 144000 的部分，应纳税额 =108 000×10%=10 800（元）

③超过 144000 至 300000 的部分，应纳税额 =156 000×20%=31 200（元）

④超过 300000 至 420000 的部分，应纳税额 =56 000×25%=14 000（元）

应纳税额 =1 080+10 800+31 200+14 000=57 080（元）

【方式 2】

应纳税额 = 应纳税所得额 × 适用税率 − 速算扣除数 =356 000×25%−31 920=57 080（元）

通过上例两种计算方式，我们可以看出使用速算扣除数简便很多，可以一步到位计算出应纳税额。

如果是按月来计缴个人所得税，可按表 4-7 所示的税率标准计算应纳税额。

表 4-7　个税的七级超额累进税率（按月计缴）

级数	全月应纳税所得额	税率（%）	速算扣除数（元）
一	不超过 3 000.00 元的	3	0
二	超过 3 000.00 元至 12 000.00 元的部分	10	210
三	超过 12 000.00 元至 25 000.00 元的部分	20	1 410
四	超过 25 000.00 元至 35 000.00 元的部分	25	2 660
五	超过 35 000.00 元至 55 000.00 元的部分	30	4 410
六	超过 55 000.00 元至 80 000.00 元的部分	35	7 160
七	超过 80 000.00 元的部分	45	15 160

知识扩展 计算个人所得税的其他税率

个人所得税根据不同的征税项目，分别规定了三种不同的税率，除了七级超额累进税率，还有以下两种。

①经营所得适用五级超额累进税率，个体工商户的经营所得以每一纳税年度的收入总额，减除成本、费用、税金、损失、其他支出以及允许弥补的以前年度亏损后的余额，适用 5% ～ 35% 的超额累进税率，共五级。

②对个人的利息、股息、红利所得，财产租赁所得，财产转让所得，偶然所得和其他所得，按次计算征收个人所得税，适用 20% 的比例税率。

4.2.5　个税的按月预缴及年终汇算清缴

在每月末公司核算员工工资的时候，需要由公司作为扣缴义务人，按月或按次预扣预缴税款。HR 要根据员工实际工资数额以及申报的个人所得税专项附加扣除信息，核算员工的应纳税所得额，预报预缴税款。具体操作是在发放工资时代扣，在实际缴纳税费时代缴。

知识扩展 代扣代缴分别指什么

代扣代缴是指按照税法规定，负有扣缴税款义务的单位和个人，负责对纳税人应纳的税款进行代扣代缴的一种方式。而个人所得税的代扣代缴就是公司在向员工支付工资时，从所支付的工资中依法直接扣收税款代为缴纳。

在个人所得税代扣代缴事务中，员工（所得人）为纳税义务人，支付单位为扣缴义务人。

实务中，HR 可通过专门的工资核算系统批量计算企业内部所有员工应缴纳的个人所得税。

为了正确记录和反映个人所得税的代扣代缴情况，会计核算上要通过"应交税费——应交个人所得税"科目进行核算。在实际向员工支付工资时代扣个人所得税，贷记"应交税费——应交个人所得税"科目；在实际缴纳税费时代缴个人所得税，借记"应交税费——应交个人所得税"科目。下面通过一个案例做详细了解。

范例解析 按月预报预缴个税

王倩是一家食品加工厂的质管员，其 6 月的工资总额为 8 500.00 元。公司按照个人所得税法的规定代扣代缴王倩的个人所得税税款。已知王倩每月可扣除子女教育支出 1 000.00 元，社保和住房公积金支出共 987.50 元。没有其他扣除项目，其个人所得税的处理如下。

王倩当月应纳税所得额 =8 500.00−5 000.00−1 000.00−987.50=1 512.50（元）

王倩应缴纳个人所得税 =1 512.50×3%=45.38（元）

1. 公司 6 月末确认王倩的应发工资。

借：管理费用　　　　　　　　　　　　　　　　　　8 500.00

　　贷：应付职工薪酬——工资、薪金、津贴和补贴　　8 500.00

2. 公司 7 月发放 6 月的工资时代扣个人所得税。

借：应付职工薪酬——工资、薪金、津贴和补贴　　　8 500.00

　　贷：银行存款　　　　　　　　　　　　　　　　7 467.12

　　　　其他应收款——社保和住房公积金　　　　　　987.50

　　　　应交税费——应交个人所得税　　　　　　　　45.38

3. 公司缴纳税费时代缴个人所得税。

借：应交税费——应交个人所得税　　　　　　　　　　45.38

　　贷：银行存款　　　　　　　　　　　　　　　　　　45.38

　　企业进行会计核算时，不会为了单个员工而处理其个人所得税的代扣代缴账务，一般都是一次性处理所有员工的个人所得税代扣代缴。以上案例只是为了方便学习而进行的特别讲解。

　　虽然企业会按月预缴个人所得税，但在年度终了时还需再进行汇算清缴，按照全年的应税收入额，依据税法规定的税率计算征税。在汇算清缴制度下，纳税人前期预缴的税款如果多了，年终汇算清缴时可退；相反，如果前期预缴的税款少了，则年终汇算清缴时需补缴。应退或应补税额具体计算公式如下：

应退或应补税额＝［（综合所得收入额－6万元－"三险一金"等专项扣除－子女教育等专项附加扣除－依法确定的其他扣除－符合条件的公益慈善事业捐赠）×适用税率－速算扣除数］－已预缴税额

第5章
人力成本要做到"开源节流"

为了减少企业的经营成本，公司的人力投资也需要精打细算，HR 不仅要管理企业的人力资源，还要管理人力成本，了解人力成本的去处，控制各项人力支出。

5.1 懂得控制人力资源成本

人力资源部属于公司的管理部门，比起采购部、生产部耗费的经营成本，人力资源部只占一小部分。但为了有效控制公司的各项经营成本，HR 需要做好费用支出的预算工作，寻找节约成本的方法。

5.1.1 四大人力资源成本

人力资源成本是企业内部为了实现有关组织目标，而获得、开发、使用、保障必要的人力资源及人力资源离职所支出的各项费用的总和。HR 想要节省人力资源成本，首先要了解人力资源成本的基本构成见表 5-1。

表 5-1 人力资源成本的构成

构　成	具体介绍
管理体系构建成本	是指企业设计、规划和改善人力资源管理体系所消耗的资源总和，包括设计和规划人员的工资、对外咨询费、资料费、培训费、差旅费等
引进成本	企业从外部获得人力资源管理体系要求的人力资源所消耗的资源总和，主要包括招募成本、选择成本、录用成本和安置成本等四种。 ①招募成本，即公司寻找、吸引人才而支出的费用，如广告费、设摊费、面试费、资料费、中介费 ②选择成本，即公司评估、测验、筛选人才支出的费用 ③录用成本，即公司获得人力资源支付的费用 ④安置成本，即为保证人才顺利入职而支出的行政费用，文具费用、欢迎费用
培训成本	为了提高工作效率，企业对员工进行培训所消耗的资源总和，以达到人力资源管理体系所要求的标准（如工作岗位要求、工作技能要求），包括员工上岗教育费用、岗位培训及脱产学习费用等
使用成本	在管理人力资源的过程中发生的成本，包括薪资费用、福利费用、绩效考核费用、调剂费用、保障费用（劳动事故保障、健康保障、退休养老保障、失业保障）等
服务成本	企业根据人力资源管理体系要求对所使用的人力资源提供后勤服务消耗的资源总和，包括交通费、办证费、文具费、医疗费、办公费用、保险费等
离职成本	企业对不合格的人力资源进行遣散或员工离职所消耗的资源总和，包括离职补偿费、遣散费、诉讼费、遣散造成的损失费等

5.1.2　HR 不知道的隐性成本

现在，劳动力成本的增长，导致企业的运营成本也在不断增长，其实，还有一些 HR 没有注意到的隐性成本。

隐性成本会在日积月累中消耗企业的经营成本，HR 只有注意到了才会有效规避。人力资源管理的隐性成本主要体现在以下四方面。

（1）招聘方面

在企业经营过程中，有人员流动是很正常的，但是在无形之间增加了企业的用工成本，这也是为什么企业都会控制内部的人员流失率。

HR 招聘新员工是为了填补老员工的流失，而这种填补不仅仅是岗位的填补，还涉及以下用工费用，这些费用都是在招聘中附加的。

经营效益。新员工不及老员工熟悉业务，在新员工熟悉业务的这段时间，一定会产生企业经济效益的损失。

招聘过程成本。招聘活动本身就要支出各项费用，包括 HR 的时间成本、各项杂费等。

管理成本。新员工入职后，需要对其进行培训，引导其尽快进入工作状态，部门管理者、同事和 HR 都要耗费精力和时间，对于自身工作是一种影响，会降低整体工作效率。

试用期成本。在试用期间，若是企业专门安排培训课程，那么所产生的培训资料费、培训师薪资、时间成本也是不小的支出。

试错成本。如果新员工在工作一段时间后觉得不适合而选择离职，那么，HR 之前所做的工作就是无用功，企业还要花费双倍的成本来填补该岗位员工。

（2）工作流程方面

很多时候工作效率的高低与员工工作能力无关，而是公司的工作流程设置是否科学。尤其是需要各部门合作的工作，若是没有连贯的处理程序和对应的负责人，各部门间的沟通、摩擦将会耗费很多时间。

当然这也是很多公司面临的问题，部门内部的工作流程还算连续完整，员工合作也轻车熟路，但要请别的部门合作办事，壁垒问题就显现出来，部门交接不清不楚，耗费大量时间成本和沟通成本。

人力资源部作为与各部门都有频繁往来的部门，更应注意部门间的交接问题，建立更加完善的责任机制，保证工作流程的顺畅。

（3）手动工作方面

现如今，为追求高效，企业都会选择数字办公，手动办公不仅效率低下，还会产生以下经营成本。

①一些人为的计算错误，如员工工资核算，会影响后续一系列工作，增加补救工作，造成审计成本增加。

②手动工作造成工作量巨大，需要花费大量的时间，时间成本增加。

③手动工作导致纸质材料变多，不像数据资料那么易传播、易保存，增加了材料费、储存成本、传播成本。

（4）出勤方面

企业管理者应该都知道，员工缺勤会影响企业当天相关部门的工作进度，比如财会人员请假，其他部门的同事本来要找请假的人审核申请通过后进行下一步操作，但因为财会人员请假，事情就会停止办理，有时会影响对重要客户的承诺，此时公司又得花时间去维系与客户的关系。无论是工作进度受到影响的成本，还是花时间维系与客户关系的成本，这些都是隐性成本，无法在账务中体现。

因此做好员工出勤管理、工作交接管理很有必要，约束员工不随意缺勤，并保证工作有人接手，可尽量降低由此产生的隐性成本。

5.1.3 做好人力资源预算很重要

很多公司都会在年底时总结当年的工作，规划明年的工作，并预先做好明年的财务预算。对于 HR 来说，也要同步做好人力成本预算，为人力成本支出制定一套标准和参考。

人力资源成本的预算内容具体可分为以下三条。

①每月需支付员工的工资费用。

②国家规定需要公司缴纳的社保及公积金费用。

③人力资源部门在企业经营管理过程中发生的各项杂费，比如招聘费用、对薪酬的市场调查费用、对员工知识技能的测评费用、员工的培训费用、劳动合同的认证费用、辞退员工的补偿费用、劳动纠纷的法律咨询费用以及人力资源部门直接发生的办公费用、通信费用和差旅费用等。

HR 需按照人力资源预算的编制流程展开工作，具体见表 5-2。

表 5-2　人力资源预算编制流程

序　号	步　骤	具体操作	
1	确定基本信息	统计在岗人员数量	对企业在岗员工进行统计，并以部门、岗位划定员工人数，如全公司 52 人，行政部 5 人，采购部 10 人，销售部 15 人，宣传部 5 人，等等
		确定明年实际需求人力	清楚企业的经营发展规划和人才战略，了解企业是否有扩大规模的计划，如有，则需要扩充人力资源，从上到下，从部门到岗位确认人员需求量
		统计历年人员流动情况	①以年为单位，对最近 5 年的人员流失与补充情况进行统计，不仅要统计人员流动数量，还要统计频繁流动的月份，以及频繁流动的岗位，借此可得出科学的人员需求量 ②了解员工的晋升与降职情况，罗列企业内部晋升的渠道，确保合理性，避免频繁变动岗位，影响工资核算与发放
2	制订标准	固定成本标准	由统计的员工数量，依据公司的薪酬制度，核算需要的人力成本
		变动成本标准	由预估的引进人才数量、可能离职人数，晋升和降职人数，计算可能变动的成本
		浮动成本标准	公司内部设计了绩效奖，员工薪资就会上下浮动，可按效益增减比例计算员工的绩效薪资，预估可能支出的绩效奖金
		杂费标准	涉及的招聘费用、培训费用、行政管理费用可按去年标准和当年规划进行预估
3	确定总额		核算各项成本标准，确定一个总额，并列出重要明细，初步的人力资源预算就完成了，后期还可根据实际情况做出调整

5.1.4 提高招聘效率就是降成本

招聘工作一般在员工离职、增设岗位、扩大规模等情况出现后展开，HR 都知道每举行一次招聘活动，就会产生相应的成本，那么提高招聘的效率能大大减少成本。

HR 要如何做才能使招聘活动变得高效呢？可以从三方面入手。

①要尽量缩短时间。

②要招聘到符合条件的人才。

③提高员工的稳定性（新员工进入公司后的前 6 个月，离职率最高）。

下面来看具体的解决方法。

（1）明确招聘目标

招聘目标是招聘工作开始的源头，没有明确的招聘目标就很难锁定到合适的人才，所以 HR 首先要与需求部门进行有效沟通，再三确定招聘岗位、招聘人数和招聘条件。

（2）做好招聘计划

在招聘前，HR 要确定招聘的时间、地点、渠道、人员数量和招聘条件等关键信息，这样能有条不紊地安排工作，以免在招聘过程中遇到突发事件手忙脚乱。

（3）选用合适的招聘渠道

招聘渠道往往决定投递简历的人才数量与素质，可直接影响招聘的最终效果，进而影响人力资源成本的投入量。在我国，企业常用的招聘渠道包括网络招聘、现场招聘、员工推荐、内部调动和人才中介机构推送等。不同的招聘渠道和效果见表 5-3。

表 5-3 各类招聘渠道的实施效果和成本对比

渠 道	效 果	成 本
网络招聘	该渠道没有地域限制，受众面广，覆盖范围大，且时效长，可在短时间内获取大量的应聘者信息，公司可通过自家企业网站发布招聘信息，也可与专业的招聘网站合作发布招聘信息。但是，该渠道中充斥着很多虚假信息和无用信息，对企业进行简历筛选有着很高的要求	成本较低，是很多中小型公司常用的招聘渠道

续上表

渠　道	效　　　果	成　本
现场招聘	一般是指公司通过招聘会或人才市场进行招聘，是一种比较正规的招聘渠道。该渠道不仅可以节省公司进行初次筛选简历的时间成本，还可使招聘工作更有针对性，招聘效果较好。但是，该渠道存在局限性，比较突出的就是地域局限，而且招聘工作的效率较低	成本比网络招聘高，是很多大中型公司比较常用的招聘渠道
员工推荐	指公司通过内部在岗员工推荐其亲朋好友应聘相应职位的招聘方式。该渠道最大的优点是公司与应聘者双方掌握的信息比较对称，可节省企业考察应聘者信息真实性的成本，效果好且质量高。但是容易在公司内部形成小团体，不利于公司的组织结构管理	成本或高或低，主要取决于公司是否给推荐人奖金和奖金的高低
内部调动	指公司将内部的空缺职位向在岗员工公布，并鼓励员工竞争上岗。该渠道可在内部员工之间增强人员流动性，同时员工可以快速适应新岗位的工作，为公司节省大量的培训成本，同时提高员工的黏性，留住人才。但是该渠道容易使员工缺少工作活力，因为他们在公司内部工作已经形成了一定的思维惯性，可能会限制对工作的创新	成本较低，主要涉及公司内部员工之间的调剂和晋升工作带来的资源耗费，大中型公司比较常用
人才中介机构推送	人才中介机构一方面为公司寻找人才，另一方面为应聘者找到合适的雇主或用人单位，如中低端的人才中介公司和针对高端人才的猎头公司。该渠道对公司来说最便捷，只需把招聘要求向人才中介机构说明，最后支付一定的劳务费用获得机构推荐的人才即可。但是这样一来公司就无法实时监控招聘工作的进度，因此招聘效率并不高	成本相对较高，尤其是与猎头公司合作，其收取的费用会比一般的人才中介公司高很多。中小型公司一般选用常见的人才中介公司，大型公司或集团公司一般选择猎头公司

（4）提升 HR 的综合素质

　　招聘活动的执行人还是人力资源部的 HR，要想保证招聘效果，同时又提高效率，HR 的能力不容忽视。而且，综合素质高的 HR 能展现企业的好形象，吸引更优秀的人才。那么，可以从以下三个方面对 HR 做出要求。

①规范 HR 的穿着与言行举止，着装要干净、整洁，有条件的，可要求招聘人员着职业装；言行举止要得体，尤其要注意不能说带歧视性的语句，如歧视女性、歧视应聘者的学历，这对企业形象是很大的折损。

②作为招聘人员，不仅具备过硬的专业知识，还要掌握更多的职业技能和高效的招聘方法，同时具备沟通协作能力。这样才能快速了解各部门各岗位的职责要求和工作状态，便于及时回答应聘者的相关提问；同时也便于与其他职能部门进行及时的人员选拔工作的沟通交流。

③拓宽自己的交际范围，可通过论坛小组、企业微信建立 HR 社群，同行业的 HR 应该互相沟通，了解行业动向和业内顶尖人才，以备不时之需。

④从内在心态方面提升综合素质，培养职业心态，不将个人情绪代入工作中，以积极主动、不卑不亢的态度对待应聘者，让应聘者感觉亲切的同时又不失尊敬。否则，态度过于弱势，会让应聘者过度自信，提出一些无理要求或标准；态度过于强硬，会让应聘者害怕、生畏，导致其望而却步，使企业面临失去人才的风险。

5.1.5　内部晋升与外部招聘相结合

企业要获得人才，不只有外部招聘一种方式，还可以从内部晋升合适的人才，既节约招聘费用，又能提高员工干劲。最好是内部晋升与外部招聘相结合，取长补短，最大限度地控制人力资源成本。两种招聘方式各自的优点见表 5-4。

表 5-4　内部晋升与外部招聘优缺点

招聘方式	优　　点
内部晋升	员工了解公司，在新岗位上的磨合期较短，可为公司节省职位空缺成本和培训成本
	时间周期短，即刻便能交接上岗
	零风险，不会因为不适应而离职
	流程简单，办理转岗手续即可
	可维系并巩固企业已有的良好客户关系，为公司节省客户开发成本
	有效激励在岗员工，在企业内部形成良性竞争，为企业节省激励成本

续上表

招聘方式	优　　点
外部招聘	为公司注入新鲜血液，产生新观点、新思路和新方法，保持公司员工的活力
	没有提拔关系户的情况，杜绝腐败风气的滋生
	选择范围大，可以聘用到一些公司缺乏的、渴求的复合型人才和全面发展的人才，节省高级类培训活动的成本
	可在无形之中给原有的在岗员工施加压力，形成危机感，激发他们的工作斗志和潜能，提高员工的工作效率和效益，使企业的人力资源成本达到投入尽可能少、产出尽可能多的状态
	避免员工精神面貌和工作状态趋于保守，形成越来越多的"小团体"

HR 要如何平衡内部选拔与外部招聘呢？可从以下两方面进行考量。

①对于工作能力易于考核与衡量的岗位，如会计人员、工程师，采用外部聘用的方式更有效。因为这类岗位需要员工有较强的工作能力，或相关的资格证书才能上岗。如果采用内部提拔，能够选择的范围也就在同岗位的其他人之间，实际上没有什么区别。

②岗位能力无法用证书表明，衡量标准不一，如行政管理、仓库管理，可选择采用内部提拔。大多数员工都能很快上手，入门较简单。

5.1.6　员工离职成本超乎想象

员工离职成本是超乎想象的，以下的案例便可说明。

某公司是做广告设计的，在业内小有名气，有赖于该公司优秀的广告设计团队。

今年 6 月，该公司有两名广告策划师先后离职，这样一来设计师李明的工作受到了极大的影响，没有人帮助写文案，也没有人做 PPT（幻灯片）展示，可把李明急坏了。

由于夏季广告公司的业务突增，为了不耽误公司业绩，人力资源部也急忙招聘广告策划，可一时之间也没有合适的应聘者，前后花了两个月才招到比较适合的广告策划师。

进入公司后还需要培训一段时间，慢慢熟悉公司的业务，这段时间广告策划工作进度很慢，甚至影响了其他人员的工作，公司不得不减少新增客户数量，造成了不小的损失。

只是两个广告策划师的离职就给公司带来这么大的影响，何况更重要的人才呢。根据美国人力资源管理协会（SHRM）的预估，替代离职员工的成本为该员工 6 ～ 9 个月的薪水。

员工离职，企业要因此付出哪些成本呢？一般来说，包括员工离开成本、接替成本、培训成本和经营损失成本。

（1）离开成本

离开成本即员工在提出离职之后，公司所做的一系列工作和付出的人力、资金，具体包括以下三部分。

①人力资源部进行离职面谈所要付出的人力成本、时间成本。

②各部门多出的工作量，如本部门的工作交接、财务部的工资结算以及行政部的设备回收工作。

③离职资金补偿。

（2）接替成本

员工离职后，企业重新找寻接替员工以保证生产经营的正常运行，而从招聘到员工正常工作期间，企业耗费的一切资源是接替成本。具体包括以下四部分。

①招聘工作事项，包括招聘发布、招聘面谈和背景调查等。

②入职准备工作，合约签署、工作牌制作和入职面谈。

③员工体检活动的安排。

④欢迎新人入职，召开部门会议，说明相关事项。

（3）培训成本

培训成本即对新招聘员工进行培训所花费的各项资源，具体包括以下三部分。

①资料文件，如员工手册、培训资料和部门同事相关资料。

②培训课程，如网络课程、培训师直接培训。

③培训时间的工作量损失。

（4）经营损失成本

员工离职后，基本工作未进入正轨期间，企业的经营损失就是企业要付出的成本，具体包括以下三个组成部分。

①新员工实习期的低工作效率和低工作量。

②培训员工因辅导新员工而耽误的工作量。

③员工离职后，带走的客户或不能完成的订单，员工离职后耽误的工作或未能及时处理的事项。

5.1.7　避免员工离职的负面影响

HR 应该明白员工离职给公司带来的影响非常大，会产生很多意想不到的隐性成本，因此 HR 要做好员工离职管理，有效控制离职率。具体可从以下几方面着手。

（1）清楚离职原因

HR 应该了解员工离职的真实原因，从中进行分析总结，避免或尽量减少由各类原因引起的离职，或是针对不同的离职原因做出挽留对策。不同入职阶段的离职原因，见表 5-5。

表 5-5　不同入职阶段的离职原因

入职阶段	离职原因
两周	员工入职后发现与 HR 描述的不一样，或是环境，或是福利，或是企业优势，因而产生心理落差，便有离职的冲动
3 个月	①员工在开展实际工作时，对岗位的工作内容不适应，或是与想象的不同，会选择离职 ②与直接上级有关，对于直接上级的行事风格不能接受，很难长期在其手下工作
6 个月	与企业价值观、文化有关，小到工作氛围、管理制度，大到产品输出概念，员工若是不接受、不理解变化离职
1 年左右	①与薪酬分配有关，若是在公司工作一年后，工资仍没有起色，员工可能会另谋出路 ②晋升空间不大，员工对公司的组织结构有所了解后，会思考自己的晋升空间在哪里，如果晋升空间小，便有极大可能选择离职
3 年左右	与发展平台有关，员工工作有 3 年之久，应该对公司的环境、业务和人员都有所了解，并已适应，按理说不应随意离职，不过，员工在有一定的工作经验和技能时，就有了跳槽的本钱，若是有更大的发展平台，就会选择离职
5 年以上	进入职业倦怠期或走向更大的平台

当然，除了上表所示的一些原因外，还有健康问题、离家远、无法照顾家庭、无法承受工作负荷、不愉快的人际关系等离职原因。而针对不同的阶段，HR 又能做些什么呢？

入职两周。新人入职不熟悉环境，HR 需格外关注，时常联系，让其感受到关心，同时将企业的基本情况、业务情况、人员情况详细介绍。在工作中帮其答疑解惑。

入职 3～6 个月。及时反馈员工的意见到对应部门，与其直属上级沟通，工作任务不能安排得过分繁重，让员工倍感压力。

入职一年。帮助员工做好职业规划，明确自己的晋升通道和需要具备的能力，让员工对自己的职业有期许。针对绩效考核优异的员工，应与部门主管商量加薪的可能。

入职 3 年以上。可对能力出众的员工考虑晋升管理层，或是转岗以降低其职业倦怠期，还可以外出深造的方式让员工觉得备受重视。

HR 可制定离职原因调查问卷表，统计员工离职原因，查看自己的工作还有哪些不足之处。某公司的离职原因调查问卷表，见表 5-6。

表 5-6 离职原因调查问卷表

亲爱的同事：

感谢您这些年为 ×× 有限公司做出的贡献，公司的发展离不开您的努力与付出，对于您的离开，我们表示深切的遗憾，并祝愿您今后工作顺利。

本调查问卷旨在了解您离开公司的真实情况，使公司今后的各项福利措施及政策能够更加完善，一切您反馈的信息，综合管理部将做好保密工作，对您没有任何不利影响，感谢您的积极配合。

姓　　名		身份证号码		填表日期	
工作年限		部　　门		岗　　位	
类　　别	离职原因				离职情况选择
个人原因	家中老人无人照顾，所以离职回家				□
	家中小孩无人照顾，所以离职回家				□
	因身体健康等原因申请离职				□
	找到了其他更好的工作				□
	继续学习、进修				□

续上表

类　　别	离职原因	离职情况选择
工作条件	工作地点偏远，通勤车时间过长	☐
	工作时间长	☐
	不适应倒班	☐
	工作强度和工作压力大	☐
	工作环境或办公环境不好	☐
	食堂环境不好，饭菜不合心意	☐
	员工住宿条件不好	☐
人际关系	无法与领导融洽相处	☐
	与周围同事相处困难	☐
	工作受排挤	☐
培训与晋升	培训机会不多，个人能力无提升	☐
	晋升机会不多，发展机会有限	☐
	晋升通道不畅，无上升空间	☐
	对公司的人员选拔晋升方式感到失望	☐
薪酬与福利	薪酬内部不公平（与公司内同岗位其他员工相比）	☐
	薪酬外部不公平（与公司外部朋友、类似岗位相比）	☐
	薪酬所得与自身的工作能力、经验、工作量不匹配	☐
	薪资计算和发放方式不合理	☐
	公司福利不好，对公司的福利制度不满意	☐
工作成就感	工作内容重复、单调；工作任务无挑战性	☐
	对工作内容不感兴趣，无法在工作中发挥个人才能	☐
	无法获得工作上的成就感	☐

续上表

类 别	离职原因	离职情况选择
企业文化	部门缺乏凝聚力与合作精神	☐
	公司内过分重视论资排辈	☐
	人际关系网络比较复杂，有关系的人工作轻松	☐
	领导不能做到一视同仁，工作分配缺乏公平性	☐
其他原因		

（2）员工离职管理措施

一般来说，HR 应对员工离职问题可从图 5-1 所示的几个方面入手解决。

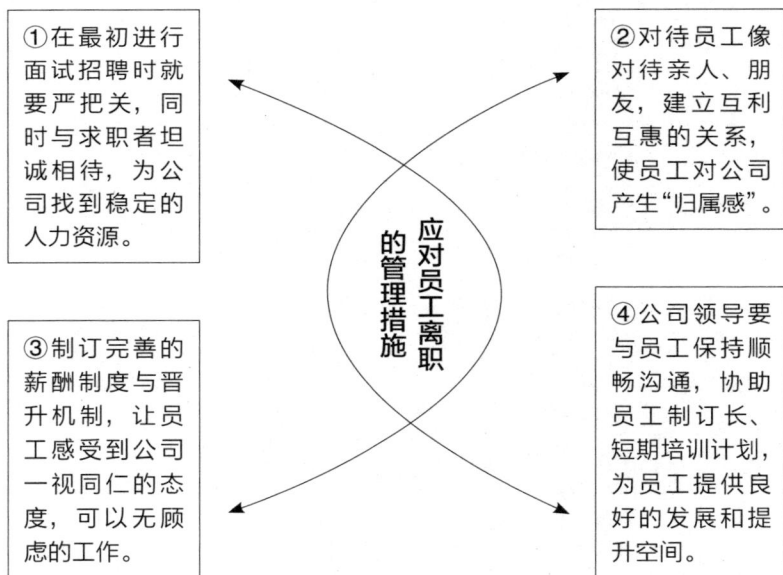

①在最初进行面试招聘时就要严把关，同时与求职者坦诚相待，为公司找到稳定的人力资源。

②对待员工像对待亲人、朋友，建立互利互惠的关系，使员工对公司产生"归属感"。

③制订完善的薪酬制度与晋升机制，让员工感受到公司一视同仁的态度，可以无顾虑的工作。

④公司领导要与员工保持顺畅沟通，协助员工制订长、短期培训计划，为员工提供良好的发展和提升空间。

应对员工离职的管理措施

图 5-1 应对员工离职的管理措施

5.1.8 掌握离职面谈的技巧

很多时候，面对决定离职的员工，HR 轻易不能打消其念头，所以单独与员工进行离职面谈很有必要，在此过程中，HR 有两个目标，一是劝说其留住公司，二是了解其真实想法。

而离职面谈不会如 HR 想象的那样顺利，先来看下面一段对话。

> HR："罗 ×，你好，一周前我们收到了你的离职申请，所以和你开展了此次对话。"
>
> 罗："嗯，好的。"
>
> HR："请问你离职的原因是什么呢？"
>
> 罗："没有什么特别的原因，是我个人的问题。"
>
> HR："嗯，能展开说说吗？"
>
> 罗："不好意思，这是个人的隐私，我不方便说。"
>
> HR："嗯，好的。"
>
> 罗："嗯。"
>
> HR："你有没有想说的？或是对公司的意见和建议？"
>
> 罗："没有，都挺好的。"

上面的离职面谈场景是不是很多 HR 都遇到过，这种毫无技巧的提问，只能得到员工敷衍的回答，对于留住员工或是得到员工的意见都没有帮助。只有企业真正重视离职面谈，员工才会当作一回事。

HR 在询问员工离职原因、挽留员工之前，首先应该表达关心，针对员工个人进行一些提问，并且要注意以下三个要点。

◆ 谈话要围绕员工展开。

◆ 问题最好与员工的工作相关，先不要谈论离职的问题。

◆ 最好询问自己已经知道的一些情况，了解员工是否对你敞开心扉。

常见的问题有如下一些方面。

> "最近是不是经常加班？"
>
> "从你近期的绩效情况看，你的工作能力很不错啊。"
>
> "我记得你之前与王经理有过争执，是吗？"
>
> "你家住在 ×× 区，离公司有点远啊，你是不是每天通勤会花很多时间啊？你上班是坐公交还是地铁呢？"
>
> "你好像不是本地人吧？"
>
> "最近你们部门的项目还挺棘手的，你一定压力很大吧？"

当 HR 与员工有初步的交谈后，就可以展开进一步的沟通，为使离职面谈顺利进行，HR 要事先做好准备并按面谈的基本流程开展工作，如下所示为面谈的基本流程。

（1）面谈准备工作

每次开始面谈工作前，HR 都要做好详细准备，比如面谈资料，面谈话题、并安排好面谈时间、地点，体现人力资源部的诚意。

有哪些面谈资料是 HR 用得上的呢？

员工档案。即员工的个人基本资料，包括年龄、籍贯、家庭状况、毕业院校、工作经历和绩效成绩等。通过基本信息的整理，HR 能快速了解员工并选择合适的面谈方式。

问题纲领。在面谈中 HR 不能想到什么问题就问什么问题，这样看起来毫无章法。所以应该在面谈之前就对谈话的纲领进行设计，并依据纲领列出具体的问题。

答案清单。离职面谈不仅是 HR 询问员工问题，员工也会就自己的社保转移、离职证明、工资发放以及离职手续办理等问题进行提问。对于常规的一些问题，HR 可以准备一份答案清单，这样在面谈时就能轻松很多。HR 常用的答案清单的模板见表 5-7。

表 5-7　答案清单模板

问　题	答案模板
请问我离职后，社保关系怎么转移呢？	你只需要在办好离职手续表的各项内容后，交到人力资源部，我们会向你出具"关于与 ×× 解除劳动合同的决定"；然后到社会保险经办机构中止职工社会保险关系，同时封存你的公积金。如需转移公积金，你需要提供新账户，我们再进行转移
是否会给我开具离职证明呢？	你按要求办好离职后续事宜后，我们会为你开具离职证明
那我的工资怎么结算呢？	你可以到财务部办理相应手续，先由财务部检查你是否有拖欠款项（包括所借款项、出差报销），如有拖欠款项先结清再结算工资，并在离职手续表上签字确认
离职手续的办理流程有哪些呢？我应该怎么办理呢？	这是公司统一的离职手续表，按表格内容进行办理即可

离职手续表。离职手续表是在面谈结束时，HR 要向员工提供的资料，

所以要事先准备好，不要到时再去找，浪费大家的时间。

（2）沟通过程规划

在与员工开始正式的沟通时，HR 也应有一定规划，如首先谈什么话题，接着引出什么话题，哪些重点话题必须要谈。

沟通过程可分八步进行。

①请员工入座，以握手、点头、微笑开场。

②做自我介绍、表明身份，并向员工简要阐述本次面谈的话题和目的。

③提出问题，范围尽量要广，给对方充分的表达空间。

④根据对方的表达，推测离职原因，给出面谈方向，包括挽留、转岗等。

⑤在对方不拒绝的情况下，深入了解情况。

⑥面谈过程中要注意对方的情绪变化，站在外方的角度考虑，提问的过程中体现出公司对员工的关怀。

⑦尊重对方，尽量避免提出涉及离职人员个人隐私的问题。

⑧面谈结束，感谢对方配合，以握手等方式客气地送对方离开，并祝对方有一个美好的前途。

（3）做好面谈记录

做面谈记录要提前告知对方，征求对方意见，如果对方担心会有不良后果，会造成面谈时态度拘谨，说话有所顾虑，HR 应当向其解释说明，表明记录是为了方便总结存档。

为了保证谈话的连续，可先记下对方话中的要点，面谈结束后第一时间补充与该离职人员的面谈情况，方便后续的整理分析工作。

（4）整理、总结面谈记录

面谈结束后，HR 首先要根据面谈情况为员工做好离职交接计划，包括员工再就业的推荐人、离职手续办理等。

其次及时对面谈记录进行整理，定期分析，总结出该员工离职的核心原因及规律，提出分析报告并上报，以对公司管理给予帮助。

最后保存资料，并总结自己在此次面谈中的优劣势，是否有需要改进的地方，以期下次面谈做得更好。

5.1.9　返聘制度可节约成本

对公司而言，返聘离职员工所发生的成本比招进新员工低很多。由于离职员工与公司和公司现有员工之间知根知底、信息对称，且工作能力强于新员工，公司无须再消耗培训费用培训新人，能够间接降低不少成本。

有些公司会制定返聘制度规范离职员工的返聘工作，如下所示为某公司的返聘制度。

范例解析 ××公司的返聘制度

鉴于餐饮业一线服务人员招聘难、留人难，综合考虑离职人员返聘比重新招聘新人在招聘和培训成本方面要低出很多，返聘的员工在对企业文化、规章制度、工作技能等方面较为熟悉，可以第一时间进入工作状态。鼓励因个人因素离职的员工能返回公司，继续服务于公司，特制定本管理制度规范离职人员的重新返聘。

1. 在本公司辞职后，第二次应聘公司招聘的岗位。

2. 因个人原因已离职时间____个月以上方可二次入职。

3. 离职人员离职前所在部门负责人面试评估离职人员二次应聘，并签示具体意见。

4. 凡离职人员二次入公司应聘，必须经过审批后按公司招聘制度及流程聘用，并重新计算工龄和相关福利政策。

5. 返聘录用原则

5.1 自身严重违反____法律、公司制度、公司及社会不能容忍的行为被辞退、开除的人员永不录用。

5.2 自身品质或者员工自身素质不符合公司要求，员工不能融入公司的企业文化等原因，不论是辞职还是辞退的都不能返聘。

5.3 因不遵守考勤制度旷工、自离的人员将不能返聘。

5.4 在公司通过正常手续辞职后再次应聘公司岗位，方可允许录用。

6. 对要求重返公司的员工，各部门应谨慎对待，了解其当时的离职原因，落实是否按公司制度办理完毕离职手续，人力资源部或用人部门要提出重新聘用的理由。特殊人才或特殊情况需逐级报总经理和集团人力资源中心。

7. 人力资源部负责按招聘制度及流程接待处理离职人员返聘，离职人员返聘通过审批流程后，按照正规入职程序走入职流程，详见入职流程。

8. 部门安排尚未通过正常审批流程的原离职人员提前上班的，如最终审批未通过，则该员工在录用部门工作的一切费用支出、劳动纠纷、工伤事故赔偿或经济补偿金，由录用部门第一负责人承担。

9. 任何部门不得存在隐瞒、私自聘用的情况，否则一经发现，由用人部门负责人承担相关责任。

通过上述制度内容，我们可以了解到员工返聘的一些重点，包括如下一些方面。

①规定员工返聘的次数，一般来说返聘一次是合理的，不然公司制度就变得太过随意，形如空文。

②返聘也要依正常招聘流程来办，不能走捷径、走后门。若是重要岗位，还应签订保密协议。

③返聘人员要重新计算工龄与相关福利。

④ HR 应调阅员工的离职原因，公司辞退则不能重新返聘，因个人原因正常离职的员工还应调查其返聘的动机。

⑤规定好不能返聘的人员类型。

一般来说，以下四种情况，最好不要再返聘离职员工。

◆ 以薪酬为目的频繁跳槽的，稳定性太差。

◆ 离职原因是人际关系不好，或是不认同企业文化。

◆ 在职时工作表现不好，无论是工作态度还是工作业绩都较差。

◆ 离职后在竞争对手公司任职。

知识扩展 **做好返聘调查**

HR 要返聘员工还需做全面的调查，以免为企业带来风险，尤其是高层技术人员容易接触到企业的核心机密。HR 要了解离职员工现状，包括现在在哪工作，职位薪资情况，了解其返回公司工作的想法和个人需求，方便与其进行洽谈。

5.1.10　员工培训支出用到实处

新入职员工都要经过一段时间的培训，而培训本身是不产生效益的，那么 HR 如何让培训支出发挥其价值呢？一来 HR 要控制培训支出，二来要保证培训效果。

（1）控制培训支出

培训费用的各项支出，HR 如何控制呢？读者可以借鉴以下一些方法。

①事先做好费用预算，对需要花费的项目及金额有所计划。

② HR 时时监督费用支出走向，如果超支严重要及时干预。

③重复利用培训资料，减少外购次数。

④利用现代化技术进行无纸化培训，可大大降低培训成本，如 PPT、电子书。

⑤控制培训的人数，让真正有必要的人参与培训，防止无关紧要的人浪费培训资源。

⑥场地的大小也需要根据参加培训的人数而定，不能太小，也不能过大，选择公司内部的闲置场所最好，避免租用酒店、写字楼或厂区。

（2）保证培训效果

为了让员工在培训课程中真正学到东西，进而熟练运用到工作场所中，HR 要做好以下工作。

①建立培训制度。通过制度规范培训工作的开展，对培训工作进行分类、划定相关人员职责、强调培训过程纪律、说明培训内容、介绍培训方式。

②制订培训计划。针对不同阶段的培训内容，HR 可事先制订培训计划，将工作需要的必备技能融入课程中，员工按照课程设置循序渐进地学习技能，保证培训效果。

③精选培训内容。培训内容应该与时俱进，不能每年培训员工的都是相同的内容，对于技术的变化、行业发展的变化，企业应该保持警惕，这样员工的素质才会不断提高，才能达到最初培训的目的。

④优化培训方式。公司在培训方面不过于保守，传统的培训方式可以保证一定的效果，但未必时时管用，公司可通过内训、外训相结合的方式进行优化，实现资源合理配置。

⑤培训考核。为了让员工认真培训，公司需要进行培训考核，并事先告知员工考核的方式与时间，激励员工认真学习。当然，考核不过关的不能正式入职。

5.2　人力资源投资扩大效益

员工的薪资可以说占用了公司一定比例的经营成本，不少 HR 对人力资源的看法存在局限性，认为公司聘用员工就是增加经营成本，其实人力资源也是企业的一项资本，对人力资源进行投资也是对公司未来发展的投资。

5.2.1　人力资源投资包括哪些

人力资源投资是指公司以员工为对象，以开发人力资源或扩大人力资源存量，或提高人力资源质量等为目的的资金运用行为。

企业对人力资源进行投资，并不仅仅是聘用各岗位员工，还应包括对员工本身的各项投资，如对员工进行职业培训、提供深造机会、安排体检活动的支出。

人力资源投资这一概念的具体要点包括以下几条。

◆ 企业进行人力资本投资，其主体是公司。

◆ 人力资本投资的对象是人，一般为投资主体所辖范围内的人。

◆ 人力资本投资直接改善、提高或增加人的劳动生产能力，即智力、知识、技能和体能等。

◆ 人力资本投资旨在通过对人的资本投入，公司未来获取价值增值的劳动产出和由此带来的收入增加。

人力资源投资就是对发生在人力资源成本上的各种支出。这些支出的内容表现为以下方面。

招聘新员工。换一种说法就是公司获取人力资源，为了避免无人力资源可利用，公司一般会定期或不定期地招聘新员工进公司，期间会发生招聘、谈判、测试等方面的支出，尤其是获取高级人才更要投入大量时间、精力和资金。

培训开发投资。要让员工真正发挥其价值，保证人力资源持续发展，企业需要对新员工做入职培训，同时也要对内部员工做在职培训。对员工的培训是个不断循环的过程，尤其是如今的时代，知识、技能发展更新的速度非常快，公司为员工提供获得从事某种业务所需要的知识、技能而发生的投资也是笔不小的数目。其投资效果表现在人力资本构成中的专业技术等级上。

替换原有人力资源。公司内有员工离职，就有员工入职，而任何一个员工适应新的岗位，都要经历或长或短的适应期，该阶段的工作效率比起原岗位员工大打折扣，这样就造成企业的额外支出或收益减少，这也是人力资源投资的一部分。

维持人力资源。人力资源在企业各岗位发挥效用，为企业创造产品或服务，以使企业不断获得利润和效益。但是人力资源的效用会受很多因素影响，要维持人力资源的正常发挥，必须对人力资源作相应的投资，包括升职加薪、福利费、社保、体检等其他投资。

人力资源管理投资。通过管理能够更好地发挥人力资源的效用，因此，企业需要对人事专员进行培训，或是引入先进的人力资源管理系统，制定人才管理及激励制度，让员工能发挥所长、良性竞争。

人力资源安置投资。有时为了获得高端人才，除了基本的薪资和福利外，企业还需做别的投资，如帮助员工在本地安家、给员工的孩子解决上学问题、给其父母提供生活上的一些便利，使员工没有后顾之忧，踏实地留在公司。

总之，一切为员工耗费的精力、财力，都是公司在对人力资本进行投资。

5.2.2　认清人力资源投资的风险

企业进行人力资源投资自然是为了获得更多的回报，但不是所有的投资都有回报，要知道"投资有风险"，人力资源投资也不例外。这些风险问题大多是公司对人力资源属性认识不够，利用不到位，难以预料、控制外界环境的作用而导致的。

人力资本投资在实施过程中，难免会因为外部环境变化、员工知识和能力水平的差异、决策失误或错误等，出现投资失败的情况，给人力资本投资带来风险，尤其是财务风险。

（1）人力资本贬值的风险

人才市场是自由流动的，对于重视人力资源投资的公司来说，若员工在职期间大力投资员工，提高其个人工作技能，接受公司内部的各类在职培训，不久却离开公司了，这会让公司产生不小的损失。

员工对公司的付出不仅仅是生产方面的效益，还有时间方面的考量，有能力的员工在公司工作越久，公司的投资越划算。如果员工在还没有达到公司的用工标准时就离开公司，则公司会损失人力资本，前期投资将无法收回，总体人力资本就会贬值。

（2）投资的产出风险

若公司全心全意培养员工，但是员工的业绩却始终上不去，或是员工的工作态度并不积极，都有可能导致产出风险，这种风险是由人力资本投资的长期性引发的，其回报的差异很大。

如果在投资回收期内，员工在尚未工作和工作年限未达到回收期限前就丧失了生命或工作能力，都会使公司的人力资本投资全部或部分丧失，使得投资的产出风险加大。

（3）折旧风险

这种风险是由人力资本投资效益的滞后性引发的，随着科技的发展，很多生产活动都有赖于最新的技术，其中来自直接劳动的部分就会成为从属要素，人力资本的投入会大打折扣，使得公司承担人力资本投资的折旧风险。

作为公司的人力资源管理者，如何帮助公司防范这些人力资本投资的财务风险呢？

①要对公司各个岗位的设置目的、主要职责、权限范围、工作内容、结构关系及工作环境和条件等进行分析，明确各个岗位都在做什么工作，尽量做到人尽其用，让员工找到自己在公司中的价值，防止员工在人力资本投资回收期内离职或丧失工作能力。

②人力资本投资的收益具有不确定性，所以需要做好收益的预测工作，同时核算人力资本投资的成本，发现投资过程中存在的问题，积极采取措施规避投资风险，最后对当前人力资本投资进行总结性分析，为下一阶段的人力资本投资提供参考数据，避免人力资本贬值。

③ HR 应对所在行业有足够高的警惕性和前瞻性，保持对新科技的关注和高端人才的培养，提高人力资本的利用效率，缩短投资收益的回收期，降低收益的滞后性，进而降低折旧风险。

④加强人力资源约束，一来要在企业内建立工作纪律，让员工按工作要求按时到岗、认真工作；二来通过劳动合同明确双方的权利与义务。

第6章
业务思维与HR紧密联系

　　业务思维一般是公司业务人员与管理层才会特别注意的思维，越是熟悉公司的业务状态，越能站在经营的角度做出工作规划。其实，HR 也应该具备业务思维，从经营的具体状况出发，规划人力资源，从而开展工作。

6.1　HR 如何培养业务思维

通常来说，人力资源部负责单位人力资源的管理，为单位提供和培养合格的人才。人力资源部的决定不直接为公司产生业绩，所以 HR 更注重自己的管理能力。

但 HR 也应该具备业务思维，从企业经营的角度多加考虑，下面我们一起来认识业务思维是什么？

6.1.1　HR 为何要具备业务思维

企业的所有活动都围绕创造和生产展开，而业务思维就是站在企业经营的角度思考自己的工作，以让自己获得全面的视角，不仅对自己的工作关心，还对行业发展、市场趋势、公司是否盈利等有所关注。

作为 HR 更要从整体出发，思考人力资源的投资与回报，积极与各部门沟通，优化人力资源管理。所以 HR 是很有必要认识和了解业务思维的，原因有以下几点。

①有了业务思维，HR 能知道企业真正需要的是什么，面对的是什么，这样在寻找和培训人力资源时能更精准，为企业输入匹配的动力。

②HR 了解企业从何处获取效益，在设计绩效考核机制时就能针对核心的项目设置权重，并将考核项目设计得非常具体，让员工将能力用到该用的地方。

③通过业务思维，了解员工的价值与企业需要的价值，合理分配员工的价值，这样企业获得的效益成最大值。

④看到公司经营方面的短缺，如缺乏创新、缺乏稳定货源、缺乏制造技术，HR 看到这些方面，才能与各部门一起共同解决。

6.1.2　了解行业趋势

HR 培养个人的业务思维不是一朝一夕的事，要从不同方面获得基础知识，有了庞大的知识储备才能慢慢养成业务思维，也会自觉地关心公司经营的各个方面。

首先，HR 应该了解行业趋势，行业的走向决定了企业的走向，而什么是决定行业的发展趋势呢？行业趋势的决定因素，见表 6-1。

表 6-1 行业趋势的决定因素

决定因素	具体介绍
行业增速	行业增速，即市场的增长速度，是反映社会经济现象增长程度的相对指标，可通过销量、保有量、销售总额等数据判断行业的增长情况。
政策导向	政策导向即国家给予行业的政策扶持，有了国家政策的支持，行业的发展也有了保障。如为了环保，为了可持续发展，国家对新能源产业非常重视，所以不少行业都在此基础上大力发展。
行业天花板	行业天花板指企业或行业的产品（或服务）趋于饱和、达到或接近供大于求的状态。极度饱和的行业几乎没有什么发展的前景了
行业持续性	持续性是该行业能够持续发展多少年，会不会没过几年就走下坡路了，这样企业还如何谋求发展呢
行业发展历史	了解行业发展的历史，可以清楚行业目前所处的阶段，如中国电商行业发展经历了这样五个阶段：① 20 世纪 90 年代开始萌芽：从 B2B（企业对企业）到 C2C（个人对个人）；② 21 世纪初期竞争：淘宝、京东成立；③ 2010 ～ 2014 年高速成长：电商交易额高速增长，淘宝、京东竞争激烈；④ 2015 ～ 2017 年稳定发展：行业合并增加，增长速度放缓；⑤ 2018 ～ 2020 年新的变化：拼多多提供新的模式，短视频发展电商 到现在电商行业已经趋于成熟，且拥有庞大的市场，塑造了人们新的消费行为，短时间内不会萎缩
行业规模	行业规模是指行业市场容量，包括目标产品或行业在指定时间内的产量、产值等，行业规模大小决定了其所处的发展阶段，行业规模逐步扩大时，行业内便有足够的资金开发新产品或新技术，竞争性也在变大
行业融资情况	融资就是货币资金的融通，通过各种方式到金融市场上筹措或贷放资金的行为。行业内融资越高，说明外部资本对行业越看好，各企业发展越好
龙头企业	一个行业的龙头企业，往往能代表行业的发展方向，甚至是带领行业往前行进，关注龙头行业的信息，如销量、主打产品，可以带给我们很多启示

续上表

决定因素	具体介绍
新领域	一个行业的主要经营领域肯定不止一项，如冷链物流行业的经营领域就包括肉制品、水产品、乳制品、速冻产品和医药产品，这也是行业内大多数企业选择经营的领域，从中我们能够看出行业的不同发展方向，以及市场空间。而行业中有新开发的经营领域，企业越早关注，就越能获益
行业热点	HR 应该时时关注行业热点以及最新的动态，每天阅读行业资讯，对行业大事件进行掌握，可提前我们工作上的应对方法

那么，HR 应该从何处了解行业趋势走向呢？可利用的渠道主要有以下四个。

（1）垂直媒体

垂直媒体是权威门户分出来的某个领域专业媒体，包括垂直网站和垂直搜索。

◆ 垂直网站和综合性网站不同，它将注意力集中在某些特定的领域或某种特定的需求，提供有关这个领域或需求的全部深度信息和相关服务。

◆ 垂直搜索是针对网络信息急剧增长而出现的专用信息搜寻，是搜索引擎的细分和延伸，是对网页库中的某类专门的信息进行一次整合，垂直搜索引擎能帮助用户提升搜索的速度和效率，快速找到精准内容。

与行业有关的垂直媒体类型很多，不同行业可能多个可利用的垂直媒体，见表 6-2，仅供参考。

表 6-2　不同行业的垂直媒体

行　　业	垂直媒体罗列
IT/ 科技	慧聪 IT 网、至顶网、CNET 科技资讯网、太平洋电脑网、中关村在线、泡泡网、比特网、小熊在线、天极网、新浪科技、腾讯科技、网易科技等
女性时尚	新浪女性、凤凰网时尚、瑞丽、YOKA、太平洋女性、爱丽、Onlylady、ELLE 中文网、伊秀女性网、VOGUE 时尚网等

续上表

行　业	垂直媒体罗列
教育	中华教育网、新浪教育、搜狐教育、腾讯教育、北青网教育、慧聪教育、中国教育网、中国学习网、中国国际教育网、幼教传媒网等
旅游	凤凰旅游、网易旅游、搜狐旅游、乐途旅游网、新旅行、中国国家地理等
财经	东方财富网、金融界、中国经济网、中金在线、财经中国网、中国经济新闻网、中国产经信息网、中国经营网、新浪财经、搜狐财经、腾讯财经、网易财经、凤凰财经、MSN 财经、金羊网财富等
HR 行业	HRoot、中国人力资源开发网、HR 沙龙、薪情等
汽车	易车网、太平洋汽车、新浪汽车、网易汽车、新华网汽车、腾讯汽车、国际在线汽车、环球网汽车、中金在线汽车、汽车之家、爱卡汽车等
家居	凤凰网家居、腾讯家居等

（2）垂直自媒体

如今自媒体发展迅速，除了娱乐休闲外，已经辐射到各个领域，在此基础上，行业垂直媒体也有了新的发展，即垂直自媒体。垂直自媒体是通过自媒体的方式建立某一领域或者某一行业的资讯圈，提供特定的需求。

垂直自媒体与垂直媒体的区别具体包括哪些呢？见表 6-3。

表 6-3　垂直自媒体与垂直媒体

区　别	具体内容
注重交流	垂直媒体往往是权威媒体下的子网站或是专门搭建的网络平台，向平台用户传播各种资讯，平台是传播者，用户是接受者 但垂直自媒体具备社群属性，期待访问者的留言，注重用户间的交流，用户可以分享、探讨、互动
个性化	垂直媒体一般是以传统网站的形式展示讯息，其页面呈现、模块分布都更规范 而垂直自媒体无论在内容选择上还是呈现形式上都更具创意，有足够的吸引力，甚至通过音乐、视频辅助文字的表达

续上表

区　别	具体内容
信息碎片化	由于现代人的生活节奏加快，因此在阅读上趋向于碎片化，垂直媒体提供的资讯大都是长篇大论，阅读时间较长。而垂直自媒体的资讯以简短为主，让用户可以短时间内接收讯息

知识扩展 **什么是自媒体**

　　自媒体是指普通大众通过网络等途径向外发布他们本身的事实和新闻的传播方式。

　　"自媒体"，英文为 We Media，是普通大众经由数字科技与全球知识体系相连之后，一种提供与分享他们本身的事实和新闻的途径。是私人化、平民化、普泛化、自主化的传播者，以现代化、电子化的手段，向不特定的大多数或者特定的单个人传递规范性及非规范性信息的新媒体的总称。

　　论坛、博客、微博、微信以及新兴的视频网站构成了自媒体现存的主要发布渠道。

（3）行业专家

　　要了解行业趋势，自然是扎根于行业的专家更具敏锐度，HR 可以向公司内部的专业人士多沟通、多请教，也可以关注行业资讯顾问，建立相应的社群，随时随地获取行业消息。

（4）市场研究报告

　　现在很多大数据分析网站、市场研究公司、行业龙头企业会提供各行各业的市场研究报告，这些市场研究报告非常全面详细地介绍行业内的各种重要讯息，并加以分析。从报告中 HR 可以了解到行业趋势、行业销量情况、行业崛起领域等。

　　图 6-1 所示为某报告中心提供的"中国咖啡行业发展与消费需求报告"的部分内容。

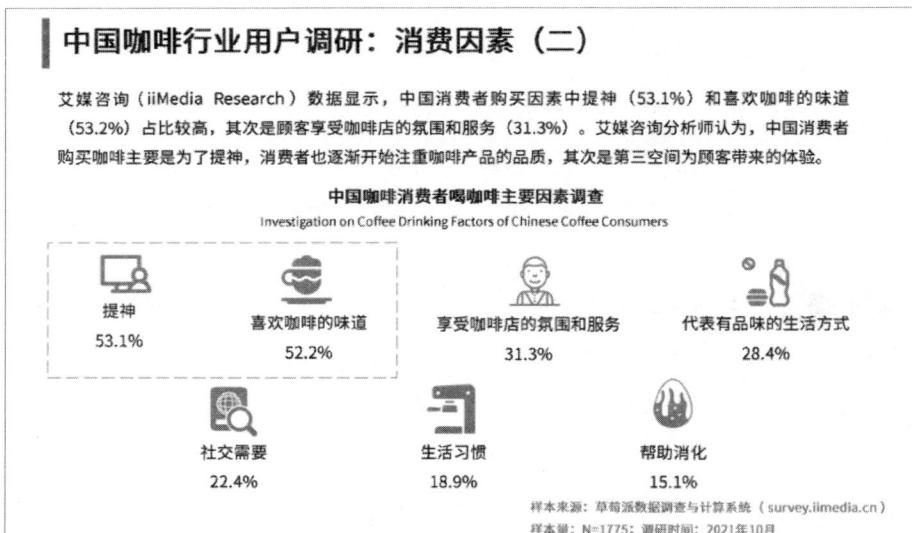

中国咖啡行业用户调研：消费因素（二）

艾媒咨询（iiMedia Research）数据显示，中国消费者购买因素中提神（53.1%）和喜欢咖啡的味道（53.2%）占比较高，其次是顾客享受咖啡店的氛围和服务（31.3%）。艾媒咨询分析师认为，中国消费者购买咖啡主要是为了提神，消费者也逐渐开始注重咖啡产品的品质，其次是第三空间为顾客带来的体验。

中国咖啡消费者喝咖啡主要因素调查
Investigation on Coffee Drinking Factors of Chinese Coffee Consumers

提神 53.1%　　喜欢咖啡的味道 52.2%　　享受咖啡店的氛围和服务 31.3%　　代表有品味的生活方式 28.4%

社交需要 22.4%　　生活习惯 18.9%　　帮助消化 15.1%

样本来源：草莓派数据调查与计算系统（survey.iimedia.cn）
样本量：N=1775；调研时间：2021年10月

图 6-1　中国咖啡行业用户调研

HR 在具体搜寻时，可以通过哪些网站或途径了解相关研究报告呢？

①大数据分析网站。

大数据分析网站通常是信息科技有限公司创建的平台，采用智能搜索引擎、专业 OCR 光学字符识别、文档结构化解析、自然语言处理等先进技术，全面覆盖各领域，为企业高管、咨询顾问、行业研究员、市场分析师、市场运营人员等提供海量的宏观策略、行业发展、上市公司等研究报告。

常见的大数据分析网站有洞见研报、网易云商、中国报告大厅、艾媒报告中心、中经视野等。

②国家统计类网站。

除了市场上的信息资讯平台，国家也会对各行各业的发展情况进行统计，并在相关网站展示，如国家统计局、中华人民共和国中央人民政府数据等。

6.1.3　新手如何查询资讯渠道

作为一个新手 HR，想要开始了解行业趋势，可能会出现脑中一片空白的情况，对行业资讯类媒体还一无所知，不知道该从何处入手，这时 HR 可以依靠哪些手段来获得行业资讯平台的信息呢？

（1）知乎

知乎可以说是一款万能的搜寻网站，聚集了中文互联网科技、商业、影视、时尚、文化领域最具创造力的人群，让人们更好地分享知识、经验和见解，找到自己的解答，HR 可以通过关键字搜寻的方式来获得想要的信息。

（2）微信关键字搜索

微信内有各行业的垂直自媒体入驻，在微信中用关键字搜索，能很快进入相关行业圈层，并建立社群关系。如下例所示。

（3）新榜

新榜是一个数据驱动的互联网内容科技公司，其创建的平台覆盖各层级新媒体资源，提供全平台内容数据、微信大数据、内容营销、数据说明等服务。HR 可通过新榜榜单选择行业垂直媒体进行关注。

6.1.4　HR 知道什么是产业链吗

产业链是用于描述一个具有某种内在联系的企业群结构，产业链中大量存在着上下游关系和相互价值的交换，上游环节向下游环节输送产品或服务，下游环节向上游环节反馈信息。产业链可分为狭义产业链和广义产业链。

狭义产业链。指从原材料一直到终端产品制造的各生产部门的完整链条，主要面向具体生产制造环节。

广义产业链。在面向生产的狭义产业链基础上尽可能地向上下游拓展延伸。产业链向上游延伸一般使得产业链进入到基础产业环节和技术研发环节，向下游拓展则进入到市场拓展环节。产业链的实质就是不同产业的企业之间的关联，而这种产业关联的实质则是各产业中的企业之间的供给与需求的关系。

进行产业链梳理，主要有如下五点作用。

- ◆ 有利于企业成本的降低。
- ◆ 有利于新企业的出现。
- ◆ 有利于企业创新氛围的形成。
- ◆ 有利于打造"区位品牌"。
- ◆ 有利于区域经济的发展。

HR 了解产业链，可以知悉行业全貌、企业上下游关系、企业生产与服务的要点等内容，借此，HR 可更好地开展以下工作。

岗位职责分析。在确定岗位及岗位职责前，HR 可从上下游关系出发，了解不同的岗位员工服务的对象，确定其岗位价值所在，这样在罗列具体的岗位职责时更加有的放矢。

设计绩效指标。HR 可对产业链进行分解，从产业链到供应链再到工作流程，层层递进，并将绩效指标按宏观到微观进行分解，能一次性建立整个企业的绩效指标库。

人力资源战略策划。从产业链中可以了解公司所处的位置，看到公司面临的挑战与竞争，进而了解公司需要的人力资本竞争，有目的有方向地做好人力竞争投资与策划。

下面通过一个案例来具体介绍了解产业链对于 HR 的帮助。

范例解析 产业链对 HR 的具体帮助

某公司为羽绒服加工与销售企业，其在羽绒服产业链上位于中下游位置，该公司上游为原材料，下游为各销售渠道以及消费者。

原材料涉及公司的经营成本，具体分为以下几项。

人工，12％。

辅料，5％。

其他运营，13％。

面料，25％。

白鸭绒等，45％。

其中，面料及羽绒占生产成本的 70％。而对接原材料的部门为公司采购部。

面对这种情况，HR 需要采购岗位的员工都有对成本的把控能力，尤其是面料及白鸭绒的采购，且需要在采购部安排一个原材料市场调研的岗位，收集和把握原材料市场的讯息和变化，及时做出采购预算，收集更多可供选择的原材料供应商。

而在企业下游，主要有直营渠道和经销商渠道两种，且分线上与线下。羽绒服各销售渠道分别占比如下。

专卖店，27％。

电商，42％。

综合电商，21％。

其他，10%。

　　HR 可了解到羽绒服的线上销售比线下销售占比更多，那么线上销售所需的客服人员、网店设计师、销售主播、网络技术员等职位应该保持竞争力，这样才能为企业带来更多利润。这些岗位的绩效指标设计见表 6-4。

表 6-4　岗位绩效指标设计

岗　　位	绩效指标	
客服人员	销售额	X ≥ 2 万元，得分 30 1 万元 ≤ X < 2 万元，得分 25 8 000 元 ≤ X < 1 万元，得分 20 5 000 元 ≤ X < 8 000 元，得分 15 X < 5 000 元，得分 10
	询单转换率（最终付款人数 / 询单人数）	X ≥ 80%，得分 30 70% ≤ X < 80%，得分 25 60% ≤ X < 70%，得分 20 50% ≤ X < 60%，得分 15 X < 50%，得分 10
	支付率（支付宝成交笔数 / 拍下笔数）	X ≥ 95%，得分 15 90% ≤ X < 95%，得分 12 85% ≤ X < 90%，得分 10 80% ≤ X < 85%，得分 8 X < 80%，得分 5
	客单价比率（客服客单价 / 店铺客单价）	X ≥ 1.3，得分 15 1.2 ≤ X < 1.3，得分 12 1 ≤ X < 1.2，得分 10 0.8 ≤ X < 1，得分 8 X < 0.8，得分 5
	首次响应时间（秒）	X ≤ 10 秒，得分 10 10 秒 < X ≤ 15 秒，得分 8 15 秒 < X ≤ 20 秒，得分 5 20 秒 < X ≤ 25 秒，得分 3 25 秒 < X，得分 2

续上表

岗　位	绩效指标	
网店设计师	设计出错率	无设计出错造成返工，得分 25 有设计出错造成返工，无绩效考核分
	浏览量	新设计的浏览量提高了 10%，得分 25 新设计的浏览量提高了 5%，得分 20 新设计的浏览量无明显变化，无绩效分
	页面停留时间（秒）	$X \geqslant 180$ 秒，得分 25 120 秒 $\leqslant X < 180$ 秒，得分 20 60 秒 $\leqslant X < 120$ 秒，得分 15 $X < 60$ 秒，得分 10
	创新率	创新意识极强，能够提出多种合理化建议，得分 25 有创新意识，设计有变化，得分 20 缺乏创新意识，需要督促，工作停在执行层面，得分 15 没有创新意识，改进很少，得分 10
网络技术员	网络维修反应时间	$X \leqslant 5$ 分钟，得分 25 5 分钟 $< X \leqslant 10$ 分钟，得分 20 10 分钟 $< X \leqslant 15$ 分钟，得分 15 15 分钟 $< X$，不得分
	网络故障减少率	$X \geqslant 90\%$，得分 25 $80\% \leqslant X < 90\%$，得分 20 $70\% \leqslant X < 80\%$，得分 15 $X < 70\%$，不得分
	网络维修费用减少率	$X \geqslant 90\%$，得分 25 $80\% \leqslant X < 90\%$，得分 20 $70\% \leqslant X < 80\%$，得分 15 $X < 70\%$，不得分
	员工投诉次数	无投诉，得分 25 $X < 3$ 次，不得分 $X \geqslant 3$ 次，扣减 2 分

续上表

岗　　位	绩效指标	
销售主播	UV 停留时长	X ≥ 20 分钟，得分 10 10 分钟 ≤ X < 20 分钟，得分 8 5 分钟 ≤ X < 10 分钟，得分 5 X < 5 分钟，不得分
	违规操作	无平台规定的违规操作，得分 10 出现平台规定的违规操作，不得分
	UV 访客量	X ≥ 5 000，得分 10 3 000 ≤ X < 5 000，得分 8 1 000 ≤ X < 3 000，得分 5 X < 1 000，不得分
	直播时长	X ≥ 2 小时，得分 10 1 小时 ≤ X < 2 小时，得分 8 X < 1 小时，得分 5
	直播间转粉	X ≥ 50，得分 20 30 ≤ X < 50，得分 15 10 ≤ X < 30，得分 10 X < 10，得分 5
	直播支付转化	X ≥ 80%，得分 20 70% ≤ X < 80%，得分 15 60% ≤ X < 70%，得分 10 X < 60%，得分 5
	直播成交金额	X ≥ 3 万元，得分 20 2 万元 ≤ X < 3 万元，得分 15 1 万元 ≤ X < 2 万元，得分 10 X < 1 万元，得分 5

　　而产业链的最下游就是终端消费者，根据对下游消费者的调查，得知 75% 的消费者每年至少购买一件羽绒服。

　　那么，每年的主打新款就非常重要了，而新品策划部与羽绒服设计师可以说是企业的灵魂，HR 应该着重关注该部门，及时提供各种人力资源及投资。

　　HR 要想了解行业产业链，有哪些渠道可供我们查询呢？下面推荐两个比较常见的产业链查询平台。

（1）行行查

行行查是一个专业金融研究数据库平台，研究领域覆盖信息科技、生命健康、大消费、节能环保、传媒娱乐、地产金融、先进制造、传统行业等，可帮助用户提升行业信息检索和数据获取的效率。

（2）企查查

企查查是一款企业信用查询工具，可为用户提供快速查询企业工商信息、法院判决信息、关联企业信息、法律诉讼、失信信息、被执行人信息、知识产权信息、公司新闻、企业年报等服务。

通过对企业经营信息的查询，HR 可以了解其供应商和客户资讯，从而对企业上下游关系有更全面的把握。

6.1.5 公司的主营业务是什么

主营业务是指企业为完成其经营目标而从事的日常活动中的主要活动，HR 要培养自己的业务思维当然应该熟悉公司的主营业务，进而了解公司的发展，对自己的工作也能有更精准的定位。

一般来说，HR 只要掌握企业的利润来源和成本结构，就能对主营业务有一个基本全面的认识。

（1）利润来源

利润来源是企业的价值所在，HR 可从表 6-5 所示的几个部分做大致了解。

表 6-5　企业的利润来源

来源	具体介绍
企业价值	企业能够提供何种价值，为客户解决何种问题，决定了企业的价值所在，也是企业的利润来源。价值内容可分解为功能价值、体验价值、信息价值和文化价值四种 ①客户看重企业产品或服务的某种功能，获得对应的有形产品或无形服务，企业就能靠提供功能价值占有一席之地 ②根据顾客个性化的需求提供的一种难忘体验，依靠体验价值获利的企业应"以人为本"，如一些游戏开发厂商致力于满足用户对虚拟世界的要求，这样企业价值才会不断提升 ③客户可从公司的产品及服务中获得信息，传递信息，如高档轿车的使用者能传递悠闲的生活态度，彰显自己的身份，这是用户看重的价值，也是企业应该聚焦的地方 ④企业输出的东西具有文化属性，就与市场上的其他产品分隔开来，有特殊的纪念价值，企业的灵魂就是对文化属性的打造

续上表

来源	具体介绍
客户画像	通过对业务接受者的了解能更清楚地认识业务属性，也能帮助我们调整业务方向，而客户画像的刻画一般从其职业属性、个人属性、社交属性、核心需求入手
营销渠道	产品或服务卖出去一定要有渠道，HR 了解过产品的主要营销渠道和营销方式吗？是电话销售，还是网络销售？是专卖店销售，还是投放广告 　　一般来讲，电话销售已经过时，而且需要大量的客服销售人员，这是公司内部较大的人力开支 　　而网络销售是最新潮的，需要准备和投入的资源会较多，对电商应有足够的了解；专卖店销售较为传统，对各专卖店的管理是经营重点 投放广告便涉及广告设计与选择投放媒体
产品业绩	公司主营业务很可能不止一项，HR 可对各类产品的销售业绩进行比较，看到公司最核心的利润所在，在安排人事工作及资源时，也能有所侧重

（2）成本结构

很多 HR 只去了解企业的人力成本，其实人力成本与其他经营成本息息相关，与各部门息息相关，只有全面了解公司的成本结构才能合理安排人力成本预算。

对成本结构的了解可帮助我们弄清业务的开发性质，产品的生产特点。从各个成本费用所占比例知道，有的大量耗费人工，有的大量耗用材料，有的大量耗费动力，有的大量占用设备引起折旧费用上升等。

而企业的成本结构优化对业务发展有决定性的影响，具体可从以下几方面入手。

◆ 巩固客户的核心需求，减少对次要需求的投入，这样主营业务会更加明确，产品的性价比也会更高。

◆ 不断开发技术，尤其是高精尖的制造行业，技术革新能带来新的利润，还会改变企业内部的管理模式，降低企业的各项负担。

◆ 为了减少原材料成本、运输成本，加快资金运转，需要整合供应链，让供应商、分销商、客户在一张网中，提高业务流转效率。当然，整合前期，企业需要花费一大部分成本构建物流配送中心、仓储点、商业店铺等。

- 采用最新设备，实现自动化生产，可以大量解放人力，自动化率越高，生产效率越高，产品合格率也更高。
- 规范财务管理，避免内部操作不当带来的成本损失。

在企业改变、优化成本结构时，掌握多方面资讯的 HR 能游刃有余地开展工作，如企业发展自动化生产，HR 就要提前准备人员去留的相关工作，避免出现纠纷及负面影响。至于 HR 如何了解企业的主营业务，可参考以下几条途径。

①可与业务人员建立沟通，自然能耳濡目染。

②参观一线工作场所，了解生产或销售的产品、服务。

③去业务岗位轮岗，体验与业务相关的项目或宣传活动。

④参加业务培训课程。

⑤浏览行业相关网站、媒体。

6.1.6　探索企业的商业模式

企业与企业之间、企业的部门之间乃至与顾客之间、与渠道之间存在各种各样的交易关系和联结方式，我们称之为商业模式。

分析商业模式过程中，主要关注企业在市场中与用户、供应商、其他合作伙伴的关系，尤其是彼此间的物流、信息流和资金流。

商业模式应该包含九个基本要素，分别如下所示。

- 价值主张：即公司通过其产品和服务所能向消费者提供的价值，换言之，你能为客户提供什么？
- 目标消费者：即公司所瞄准的消费者群体，这些群体具有某些共性，公司可针对这些共性创造价值。要明白你的客户是谁，有哪些特点。
- 分销渠道：即公司用来接触消费者的各种途径，涉及公司的市场开拓和分销策略。
- 客户关系：即公司同其消费者群体之间所建立的联系，与客户关系管理有关，企业应确定与客户建立何种关系。
- 价值配置：即资源的配置，掌握企业已有资源和需要资源。
- 核心能力：即公司执行其商业模式所需的能力和资格。
- 合作伙伴：为了向客户提供产品和服务，需要与哪些企业建立联系，获得一些支持性活动。
- 成本结构：即所使用的工具和方法的货币描述，换言之，企业的商业模式具体花费在哪些方面。

◆ 收入模型：即公司通过各种收入流来创造财富的途径，换言之，公司是如何赚钱的。

对企业的商业模式基本了解后，HR 应从多方面提升自己的工作价值，具体包括以下内容。

①可以制订更科学的人力资源规划，帮助员工清楚自己在公司的定位及晋升路径。

②在与高层进行沟通时能够快速理解管理者的意图。

③对 HR 升职转岗有很大帮助，进一步进入业务管理层，甚至是高管层。

6.1.7　分析企业营收结构

营收结构指公司在销售商品和提供劳务及让渡资产使用权等日常活动中所形成的经济利益的总流入，包括主营业务收入和其他业务收入。营业收入是总收入，净利润是扣除成本费用及所得税费用后的净收入。

HR 通过了解企业营收结构，能对企业当前的经营及财务状况有一定把握，对今后的业务发展与组织架构变化具备前瞻性，部署人力资源更科学、更准确。下面来看一个案例。

范例解析 从某智能家居公司的营收结构中看到隐患

某智能家居公司主打经营各类智能家居产品，包括智能手表、智能门铃、扫地机器人等。近三年的业绩数据见表 6-6。

表 6-6　某智能家居近三年的业绩情况

年　份	营业收入	净利润	营收比例
2020	7.36 亿元	2 155.20 万元	智能门铃 6.13 亿元，83.29%
2021	10.86 亿元	4 561.42 万元	智能门铃 8.95 亿元，82.41%
2022	14.36 亿元	7 025.15 万元	智能门铃 12.58 亿元，87.6%

从表格中的营收数据我们可知，该公司营收结构非常单一，其旗下的智能门铃产品在总营收的占比达到 80% 以上，其他智能产品在营收占比中

都未到一成。

而随着人们安全意识的突飞猛进，智能门铃的需求越来越高，因此各企业展开了非常激烈的竞争来抢占市场，很多大型家电品牌开始研发智能家居产品，导致市场蛋糕越来越小。

这对企业来说是非常不好的信号，若是在智能门铃的市场上没有打出品牌，那么如此单一的营收结构会使企业业绩遭遇滑铁卢，该公司的未来发展非常不明朗。

该公司当务之急，应该是解决单一营收结构的负面影响，开发其他智能家居产品销售渠道，形成品牌效应，以免被单一市场抛弃。

从上例我们可以看到企业营收结构对企业发展的影响，作为 HR 对于营收结构的隐患要足够敏感，针对企业的弱点应当有意识地培养得力的人力资源，为企业经营提供全面支持。

6.1.8　行业薪资水平代表什么

薪酬水平是指企业之间的薪酬关系，企业相对于其竞争对手的薪酬水平的高低状况，它反映了企业薪酬的外部竞争性。其计算公式为：

薪酬水平 ＝ 薪酬总额 ÷ 在业的员工人数

HR 在设计企业员工薪酬水平时，不仅要考虑企业营收，还要考虑市场走向，若是薪酬低于市场水平太多，在人力市场上的竞争力会非常低，这样对企业发展也是有阻碍的。

企业薪酬水平主要受四个因素影响，具体见表 6-7。

表 6-7　影响企业薪酬水平的四个因素

影响因素	具体介绍
劳动市场	HR 要参考劳动力市场的供求变化设计薪酬水平，主要表现在两个方面：一是雇用数量；二是雇用价格，且劳动力市场状况受地域、市场经济、失业率和离职率在不断变化，HR 应随时关注
企业特征	企业特征从本质上决定了企业薪酬的支付能力，影响薪酬水平的企业特征因素一般包括企业的经济效益、管理取向、员工规模与配置效率等
产品市场	产品市场在很大程度上决定了企业薪酬的支付能力，影响企业支付能力进而影响薪酬水平策略的因素主要包括产品的需求弹性、品牌的需求弹性、劳动力成本占总成本的比例以及其他生产要素的可替代性等

续上表

影响因素	具体介绍
发展战略	企业战略意图决定企业对不同职位薪酬水平的支付意愿，通常，低成本战略会考虑控制薪酬水平，而创新战略则会在薪酬水平策略选择上较为宽松

那么，HR 可通过何种途径了解行业薪酬水平呢？下面做具体介绍。

（1）专业的薪酬调研机构

市场上有很多第三方调研机构专门负责行业薪酬调研，可根据公司的需求出具专业报告，需要花费一些费用，但得到的资讯绝对是有用的。目前，国内较大型的人力资源管理服务机构有太和顾问、中智咨询等，HR 可选择适合公司的调研机构进行合作。

（2）招聘网站

现在网上招聘已经非常普及，招聘网站汇聚了各个行业大大小小的企业招聘讯息，且可以选择具体的城市浏览，在海量的招聘讯息中，HR 可以大致了解行业各岗位薪酬水平。

（3）免费查询网站

除了专门的调研机构，HR 还可以通过一些免费的查询网站做基本了解，虽然比不上专业的调查报告，但是也能提供有参考性的数据，这里介绍几个常用的查询网站。

①薪情。

薪情是一个薪酬查询平台，可按城市、行业、企业性质及职位来查询薪酬，能为企业用户和个人用户提供不同的服务。

②职朋。

职朋是一个提供免费的个人求职、企业招聘、面试经验、工资待遇、简历模板等资讯分享的平台，不仅提供各种人事资讯，还是一个交流分享的平台，可以看到用户最新的工资待遇分享。

③看准网。

（4）人力资源社群

作为一名合格的 HR 应该有自己的人际交往圈，有意识地加入和维系同圈层的交流，这样获得各项数据资源才会更方便。另外，对于公司的离职员工也应建立交流群，在需要的时候往往能得到一些有用的信息。

（5）政府发布的工资指导价位

工资指导价位是指劳动保障行政部门定期对各类企业中的不同职业（工种）的工资水平进行调查、分析、汇总、加工，形成各类职业（工种）的工资价位。

各地政府每年都会发布人力资源市场工资指导价位的有关报告，HR通过搜寻当地政府发布的数据，可以获得不少关键资讯。

6.2　了解 HRBP 岗位

HRBP 全称为 Human Resource Business Partner（人力资源业务合作伙伴），是企业派驻到各个业务或事业部的人力资源管理者，主要协助各业务单元高层及经理在员工发展、人才发掘、能力培养等方面的工作。

随着企业发展的需要以及对人力资源部门职能的进一步优化，HRBP将在企业的发展中起到越来越重要的作用。

6.2.1　HRBP 具体要做些什么

HRBP 是伴随着人力资源部门职能分化和升级而出现的，主要负责与业务部门进行沟通，因此 HRBP 岗位既要熟悉 HR 各个职能领域，又了解公司的业务需求。

如下所示为某招聘网站上 HRBP 的岗位职责。

1. 人力资源总体工作的规划、计划、推行、实施。

2. 招聘渠道开发与维护，根据公司内部招聘需求不断优化招聘方案，提升招聘效率。

3. 建立和发展企业核心文化，塑造、维护、发展和传播企业文化。

4. 能深入理解业务需求，有效运作 HR 流程，落实公司的人力资源政策。

5. 掌握员工动态、员工关系的维护；负责企业文化的建设、宣传工作。

6. 人力资源内、外各项事务的处理。

7. 领导交代其他事项工作。

由于 HRBP 在企业内的定位特殊，因此其必须承担以下职能。

◆ 从 HR 的角度出发参与业务部门的有关管理工作。

◆ 与人事部的各岗位人员协作，解决各项人事工作，提供 HR 解决方案。

◆ 向人事部反馈一线的人事状况，包括 HR 政策、HR 项目和 HR 进程的实施有效性。
◆ 协调各部门员工关系，调查培训需求。
◆ 制订并执行业务部门人事年度工作计划。
◆ 负责企业业务部门的人事战略和执行方案。
◆ 与业务部门协作，建设人才发展通道。
◆ 支持企业文化的各项传播、变革事宜。
◆ 建立所在业务部门的人力资源管理体系。

6.2.2　HRBP 是三支柱模型之一

戴维·尤里奇在 1997 年提出了 HR 三支柱模型，即 HRCOE（专家中心）、HRBP（人力资源业务伙伴）和 HRSSC（共享服务中心）。以三支柱为支撑的人力资源体系源于公司战略，服务于公司业务，其核心理念是通过组织能力再造，让 HR 更好地为组织创造价值。

人力资源专家（HRCOE）的主要职责是为业务单元提供人力资源方面的专业咨询。而人力资源共享服务中心（HRSSC）将企业各业务单元中所有与人力资源管理有关的基础性行政工作统一处理。

在三支柱模型下，企业内部的各项人事工作该如何处理呢？见表 6-8。

表 6-8　三支柱下的人事工作实操

人事工作	实操内容
招　聘	COE：依据公司年度战略目标，制订年度招聘计划；确定招聘渠道及招聘方式；设计招聘流程；监督各招聘环节 BP：确认业务部门的招聘需求；整理岗位职责、任职要求；确定具体的薪酬待遇；协同用人部门做好面试工作；做好录用人员报到事宜 SSC：发布 BP 整理的招聘信息；筛选简历并发送给用人部门；安排面试工作
入职管理	COE：制订员工信息管理的标准与工作流程 BP：负责人才测评；了解、收集用人部门的管理意见 SSC：协助新员工录入自己的基本信息；及时更新员工各项信息
培　训	COE：确定企业各部门培训需求；安排培训机构、提供培训资源；设计有针对性的培训课程 BP：了解业务部门的工作情况与培训需求；提出培训课程建议 SSC：了解培训效果；制作培训课程表；发布学习资料

续上表

人事工作	实操内容
绩效管理	COE：制订企业各部门绩效考核指标及考核流程 BP：与业务部门协同制订年度绩效考核目标；根据业务情况提出绩效改进计划；负责该部门绩效考核 SSC：记录员工考核结果数据；核算绩效工资；制作薪资表
薪酬管理	COE：进行薪酬调研工作，评估企业的薪酬竞争力；制订调薪方案根据企业发展目标与薪酬预算，制订年度薪酬计划 BP：统计业务部门员工的加薪及降薪情况 SSC：更新员工的薪资信息；核算工资、发放工资、出具工资条；了解薪资变化情况

第7章
HR用工风险及防范技能掌握

　　人事工作几乎都会与企业内部的人员打交道，尤其是招聘与解聘员工更要充分与员工沟通，在此过程中有可能会产生纠纷，带来一些用工风险，作为专业的 HR 应该预知这些用工风险，并注意防范，确保企业不被投诉。

7.1 劳动合同订立"门道"

劳动合同订立是指劳动者和用人单位经过相互选择和平等协商，就劳动合同条款达成协议，从而确立劳动关系和明确相互权利义务的法律行为。为了规避用工风险，合法聘用劳动者，用人单位与劳动者必须要订立劳动合同，而作为 HR 必须了解订立劳动合同的各项注意事项。

7.1.1 劳动合同基础条款

劳动合同，又称劳动契约、劳动协议。劳动合同是调整劳动关系的基本法律形式，也是确立劳动者与用人单位劳动关系的基本前提，在劳动法中占据核心的地位。

根据劳动合同法规定，劳动合同应当以书面形式订立，并具备以下几项基础条款。

- ◆ 用人单位的名称、住所和法定代表人或者主要负责人。
- ◆ 劳动者的姓名、住址和居民身份证或者其他有效身份证件号码。
- ◆ 劳动合同期限。
- ◆ 工作内容和工作地点。
- ◆ 工作时间和休息休假。
- ◆ 劳动报酬。
- ◆ 社会保险。
- ◆ 劳动保护、劳动条件和职业危害防护。
- ◆ 法律、法规规定应当纳入劳动合同的其他事项。

HR 可通过如下的劳动合同模板来了解具体的条款内容，并参考借鉴。

根据《中华人民共和国劳动法》《中华人民共和国劳动合同法》和有关法律、法规，甲乙双方经平等自愿、协商一致签订立本合同，共同遵守本合同所列条款。

第一条　劳动合同双方当事人基本情况

（一）甲方

注册地址：

通信地址：

法定代表人或委托代理人：

（二）乙方

居民身份证号码：

现住地址：

紧急联系人：

联系电话：

第二条　合同类型与合同期限

（一）本合同期限类型：固定期限劳动合同。本合同于__年__月__日生效，其中试用期至__年__月__日止。本合同于__年__月__日终止。

（二）本合同有效期届满，如双方未重新订立有关聘用合同，或者未延长续签（变更）本合同的期限的，本合同即对双方不再发生法律约束。

第三条　工作内容和工作地点

（一）乙方根据甲方工作需要同意在__部门从事___岗位工作，基本工作内容为：_____。具体可参见__岗位的《岗位职责说明书》。

（二）乙方应按照甲方的要求，按时完成规定的工作任务，达到规定的质量标准。

（三）乙方同意在甲方安排的工作地点_____从事工作。乙方同意，根据甲方的工作需要，可以变更其工作地点。如甲方的经营机构搬迁，乙方同意相应变更工作地点。

第四条　工作时间和休息休假

（一）乙方实行以下第____种工时制：

1. 标准工时制度。乙方每天工作时间不超过 8 小时，每周工作不超过 40 小时。

2. 经当地劳动行政部门批准，执行综合工时制。

3. 经当地劳动行政部门批准，执行不定时工作制度。

（二）甲方因经营需要，延长乙方工作时间的，应依法安排乙方同等时间补休或支付加班加点工资。

第五条　劳动报酬（若非特别说明，均为税前工资）

（一）甲方每月 15 日前以货币形式支付乙方工资，乙方在试用期期间月工资为___元，正式录用后月工资为___元。如甲方的工资制度发生变化或乙方的工作岗位变动，按新的工资标准执行，甲方在每次薪酬变动时均以书面形式通知乙方。

（二）甲方有权根据实际经营状况、规章制度以及乙方工作年限、奖惩记录、岗位变化等调整乙方的工资待遇。

（三）甲方在以下情况有权扣除乙方相应额度的工作报酬：

1. 因乙方的过失给甲方造成经济损失。

2. 乙方违反管理制度的。

3. 甲方按照有关规定对乙方工作进行考核评价，考核评价结果需扣除工作报酬的。

4. 双方约定的其他情况。

第六条　社会保险和福利待遇

（一）甲方应按国家和地方有关社会保险的法律、法规和政策规定为乙方缴纳基本养老、基本医疗、失业保险等费用；社会保险费个人缴纳部分，由甲方从乙方工资中代扣代缴。甲乙双方解除、终止劳动合同时，甲方应按有关规定为乙方办理社会保险相关手续。

（二）乙方其他福利待遇按照国家和地方有关法律法规发放。

第七条　劳动保护、劳动条件和职业危害防护

（一）甲方根据生产岗位的需要，按照国家有关劳动安全、卫生的规定为乙方配备必要的安全防护措施，发放必要的劳动保护用品。

（二）甲方根据国家有关法律、法规，建立安全生产制度；乙方应当严格遵守甲方的劳动安全制度，严禁违章作业，防止劳动过程中的事故，减少职业危害。

（三）甲方应当建立、健全职业病防治责任制度，加强对职业病防治的管理，提高职业病防治水平。

第八条　劳动合同的变更、解除、终止、续订

（一）经甲乙双方协商一致，本合同可以解除。

（二）乙方有下列情形之一的，甲方可以解除劳动合同：

1. 在试用期间被证明不符合录用条件的；

2. 严重违反用人单位的规章制度或劳动纪律的；

3. 严重失职，营私舞弊，给甲方造成重大损害（包括但不限于给甲方或客户、合作伙伴造成经济损失＿＿＿元以上或严重损害甲方声誉等）；

4. 乙方以欺诈、胁迫的手段或者乘人之危，使甲方在违背真实意思的情况下订立或者变更合同，致使本合同无效的（如乙方被查实向甲方提供虚假的个人资料或隐瞒个人真实情况的，即视为乙方以欺诈的手段使甲方在违背真实意思的情况下订立本合同）；

5. 甲方规章制度或国家法律法规政策规定的其他情形。

（三）乙方提前终止本劳动合同，须提前30天向甲方提出书面辞职申请；试用期内提前3天通知甲方，可解除本劳动合同。乙方未按规定向甲方提出辞职或有其他擅自离职情形的，甲方将在乙方办理交接工作后支付乙方的当月工资和办理相关的离职手续；由此给甲方造成经济损失的，乙方应承担相应的赔偿责任。

第九条　附则

（一）本合同一式二份，甲乙双方各持一份，具有同等法律效力。

（二）本合同自双方签字盖章之日起生效。

（三）本合同未尽事宜甲乙双方可另行签订书面的补充协议。

劳动合同除规定的必备基础条款外，用人单位与劳动者可以约定试用期、培训、保守秘密、补充保险和福利待遇等其他事项。

7.1.2　劳动合同订立不当的法律风险

虽说与劳动者签订劳动合同是必要事项，但是在订立过程中仍然会面临一些意想不到的法律风险，HR 应该对这些法律风险有所了解，维护好企业的核心利益。常见的法律风险有以下方面。

（1）招聘尚未解除劳动关系的劳动者

《劳动法》第九十九条规定，用人单位招用尚未解除劳动合同的劳动者，对原用人单位造成经济损失的，该用人单位应当依法承担连带赔偿责任。因此 HR 在聘用劳动者之前应调查其是否与原工作单位解除了劳动关系，可要求应聘者出示离职证明，或是终止、解除劳动合同的书面证明。

（2）试用期约定的风险

依据《劳动合同法》的相关规定，HR 对试用期的约定应注意以下几点。

①劳动合同期限三个月以上不满一年的，试用期不得超过一个月；劳动合同期限一年以上不满三年的，试用期不得超过二个月；三年以上固定期限和无固定期限的劳动合同，试用期不得超过六个月。因此，HR 不能随意延长试用期。

②同一用人单位与同一劳动者只能约定一次试用期。

③以完成一定工作任务为期限的劳动合同或者劳动合同期限不满三个月的，不得约定试用期。

④试用期包含在劳动合同期限内。劳动合同仅约定试用期的，试用期不成立，该期限为劳动合同期限。

⑤劳动者在试用期的工资不得低于本单位相同岗位最低档工资或者劳动合同约定工资的百分之八十，并不得低于用人单位所在地的最低工资标准。

（3）超期签署劳动合同

对于决定录用的员工，HR 应该第一时间与其签订劳动合同，根据《劳动合同法》第八十二条规定，用人单位自用工之日起超过一个月不满一年未与劳动者订立书面劳动合同的，应当向劳动者每月支付二倍的工资。

若用人单位没有在一个月内与员工签订劳动合同，员工有权要求企业自用工次月起支付双倍工资，最长需支付 11 个月的双倍工资。

（4）工资约定模糊

作为 HR 应该清楚员工工资的构成往往不是那么单一，除了基本的岗位工资，可能还会涉及加班工资、全勤奖、绩效工资的结算，若是只约定岗位工资或工资总额，在入职后实际结算工资时，容易产生纠纷。

因此，需要在合同中约定好基本工资，工资构成，工资结算方式，加班工资计算。

（5）未约定赔偿条款

由于员工的失误给公司造成的损失，公司应该如何追究呢？这需要企业在合同中事先约定，若是合同中没有相应赔偿条款，就会产生各种纠纷，最后可能会由企业来承担各项损失。

根据《工资支付暂行规定》第十六条的规定，因劳动者本人原因给用人单位造成经济损失的，用人单位可按照劳动合同的约定要求其赔偿经济损失。经济损失的赔偿，可从劳动者本人的工资中扣除。但每月扣除的部分不得超过劳动者当月工资的 20%。若扣除后的剩余工资部分低于当地月最低工资标准，则按最低工资标准支付。

（6）手动涂改

劳动合同签署双方对合同条款有异议的，可以修改并重新打印合同再签署，切忌在合同上随意手动涂改，很有可能被认定为无效涂改，因此 HR 不应该怕麻烦，签署合同还是以细心、合规、合法为主。

7.1.3 劳动合同续签风险

在日常的工作中，HR 常常会遇到这种情况，即劳动合同到期后员工仍继续在岗任职，这时企业也默认接受延续劳动关系，该劳动关系是法律保护的，HR 应及时与员工续签劳动合同，就继续任职的条件和待遇进行商定。

在与员工续签劳动合同时，HR 应该注意以下三方面的法律风险。

①未及时续签，自合同到期日起，超过一个月未续签合同，每月应向

劳动者支付双倍工资，这对企业来说是不小的损失。

②连续订立两次固定期限劳动合同，如员工同意第三次续签劳动合同，应签订无固定期限劳动合同。根据《劳动合同法》第十四条规定，用人单位与劳动者协商一致，可以订立无固定期限劳动合同。有下列情形之一，劳动者提出或者同意续订、订立劳动合同的，除劳动者提出订立固定期限劳动合同外，应当订立无固定期限劳动合同：

（一）劳动者在该用人单位连续工作满十年的；

（二）用人单位初次实行劳动合同制度或者国有企业改制重新订立劳动合同时，劳动者在该用人单位连续工作满十年且距法定退休年龄不足十年的；

（三）连续订立二次固定期限劳动合同，且劳动者没有本法第三十九条和第四十条第一项、第二项规定的情形，续订劳动合同的。

③ HR 要及时续签劳动合同，尤其不要超过一年。用人单位自用工之日起满一年不与劳动者订立书面劳动合同的，视为用人单位与劳动者已订立无固定期限劳动合同。

7.2　企业用工管理风险

从员工录用到员工管理，HR 不仅要发挥员工的价值，为企业创造更多利润，不过，在工作场所中有一些潜在的用工风险，容易导致企业利益受损，HR 应该尽量规避。

7.2.1　员工招聘的风险防范

很多没有经验的 HR 将招聘工作看得比较简单，很少去想其中有什么法律风险，其实在拟定招聘信息的时候就已经埋下了不易察觉的隐患，下面来了解招聘工作中常见的一些风险，并注意防范。

（1）招聘条件不明确

企业要招聘员工入职，第一步就是发布招聘信息，列明录用的要求与条件，若是招聘条件书写不明确或是不符合法律规定，一旦发生纠纷，企业很难获得支持。

法律为了保护劳动者，对于试用期内解除劳动关系是有限制的，那就是员工不符合录用条件时企业才能解除劳动合同，当然，举证员工不符合录用条件的责任由企业承担，若是企业在招聘信息上列出的录用条件并不明确，企业的举证会变得没有说服力，很可能在劳动仲裁中败诉。

因此，HR 发布招聘信息一定要写清楚对员工的要求，以及岗位职责，这样公司才能据此提出员工不合格之处，在纠纷时处于主动地位。

（2）员工入职调查

HR 录用员工当然是选择各方面能力都较出众的，但在实际招聘中会遇到员工提供虚假资料的情况，HR 若不做好入职调查，不仅有可能招到一个资质平平的人，还有难以预估的其他风险。具体见表 7-1。

表 7-1　入职调查中的风险

风　　险	具体情况
虚假身份信息	决定录用员工后要对其身份、学历、资格、工作经历等信息进行审查，应要求"准员工"提供自己的身份证、学历证、相关的资质证书的原件、复印件，然后查验证件真实性。对不能提交身份证明的劳动者，企业可要求其提供"无违法犯罪行为证明"，此证明也是一道用工"防火墙" 除此之外，还可让"准员工"签订一份保证书，保证其所提供的证件的真实性，否则要承担违约责任，最大限度地规避风险
员工病痛问题	《劳动合同法》第四十二条规定，劳动者患病或者非因工负伤，在规定的医疗期内的，用人单位不得解除劳动合同。另外，即便医疗期届满，用人单位解除劳动合同也受到严格限制 因此，员工的健康问题对企业的影响非常大，企业若要减少损失，在一开始就应聘用一个健康的员工，否则将要付出很大的成本。最好在正式签订劳动合同前要求员工出具县级以上或用人单位规定的医院出具的健康证明
年龄问题	在录用员工之前，要确定其年龄达到 16 周岁，根据《劳动法》第九十四条规定，用人单位非法招用未满十六周岁的未成年人的，由劳动行政部门责令改正，处以罚款；情节严重的，由市场监督管理部门吊销营业执照

（3）发出录用通知书

HR 决定录用员工人选后，当然就要给对应的员工发出录用通知书了，企业在发出通知书前，一定要与用人部门共同决定，肯定要录用的人选，否则不要轻易发出录用通知书。因为通知书一旦发出，就会发生法律效力。如果企业不与其签订劳动合同，企业则要承担缔约过失责任，并赔偿对方的损失。

（4）招聘外国籍员工

根据《外国人在中国就业管理规定》第五条规定，用人单位聘用外国人须为该外国人申请就业许可，经获准并取得《中华人民共和国外国人就业许可证书》（以下简称许可证书）后方可聘用。

HR 因企业用工需要而聘用外国籍员工时，一定要为其办理就业许可证书，而外国人在中国就业还须具备下列条件：

◆ 年满 18 周岁，身体健康。
◆ 具有从事其工作所必需的专业技能和相应的工作经历。
◆ 无犯罪记录。
◆ 有确定的聘用单位。
◆ 持有有效护照或能代替护照的其他国际旅行证件（以下简称代替护照的证件）。

HR 需要针对这些条件一一审查，确保招聘条件无误。

（5）就业歧视

根据《劳动法》第十二条规定，劳动者就业，不因民族、种族、性别、宗教信仰不同而受歧视。国家对职场招聘的歧视现象非常重视，HR 也应该不断提高个人素质，对前来应聘的员工一视同仁，以免拉低企业的形象。HR 要特别注意以下几点。

①拟写招聘启事时，不能出现歧视性内容，不对民族、种族、性别、宗教信仰、地域等进行限制。

②若不是特殊岗位，也不对应聘者的自然属性（身高、体重、年龄等）进行限制。

③根据《中华人民共和国就业促进法》第三十条规定，用人单位招用人员，不得以是传染病病原携带者为由拒绝录用。但是，经医学鉴定传染病病原携带者在治愈前或者排除传染嫌疑前，不得从事法律、行政法规和国务院卫生行政部门规定禁止从事的易使传染病扩散的工作。HR 不能以传染病病原携带者为由拒绝录用员工，应聘者可以进行投诉。

④根据《中华人民共和国就业促进法》第二十九条规定，用人单位招用人员，不得歧视残疾人。HR 要充分考虑对方的能力，不能仅因残疾拒

绝录用。

⑤根据《中华人民共和国就业促进法》第三十一条规定，农村劳动者进城就业享有与城镇劳动者平等的劳动权利，不得对农村劳动者进城就业设置歧视性限制。

7.2.2　女职工的特殊劳动保护

为了创造更加平等的职场环境，国家为女性就业提供了诸多法律保护，HR 应该按国家法律规定规避歧视女性的用工情况。随着《女职工劳动保护特别规定》的出台，HR 应该更加重视女性员工的权益保障，具体可从如下几方面入手。

（1）女职工三期

三期是针对女职工特别提出的一个概念，即孕期、产期和哺乳期。在这些特殊时期，女职工容易受到歧视和伤害，因此国家法律针对这三个时期出台了很多保护规定，HR 不仅要了解这些法律法规，还应该给予女职工更人性化的关怀，这也是对人力资源的一种投资。

（2）产假

根据《女职工劳动保护特别规定》第七条规定，女职工生育享受 98 天产假，其中产前可以休假 15 天；难产的，增加产假 15 天；生育多胞胎的，每多生育 1 个婴儿，增加产假 15 天。女职工怀孕未满 4 个月流产的，享受 15 天产假；怀孕满 4 个月流产的，享受 42 天产假。

（3）产假工资

根据《女职工劳动保护特别规定》第五条规定，用人单位不得因女职工怀孕、生育、哺乳而降低其工资。这里的工资一般是指固定工资，女职工三期内工作效率下降，企业可以扣除绩效奖金，但不能降低其固有工资。

女职工产假期间的生育津贴，对已经参加生育保险的，按照用人单位上年度职工月平均工资的标准由生育保险基金支付；对未参加生育保险的，按照女职工产假前工资的标准由用人单位支付。

女职工生育或者流产的医疗费用，按照生育保险规定的项目和标准，对已经参加生育保险的，由生育保险基金支付；对未参加生育保险的，由用人单位支付。

（4）孕期禁忌从事的劳动范围

为了保护孕期女职工，法律规定了一些禁忌从事的劳动范围，如下所示。

①作业场所空气中铅及其化合物、汞及其化合物、苯、镉、铍、砷、氰化物、氮氧化物、一氧化碳、二硫化碳、氯、己内酰胺、氯丁二烯、氯乙烯、环氧乙烷、苯胺、甲醛等有毒物质浓度超过国家职业卫生标准的作业。

②从事抗癌药物、己烯雌酚生产，接触麻醉剂气体等的作业。

③非密封源放射性物质的操作，核事故与放射事故的应急处置。

④高处作业分级标准中规定的高处作业。

⑤冷水作业分级标准中规定的冷水作业。

⑥低温作业分级标准中规定的低温作业。

⑦高温作业分级标准中规定的第三级、第四级的作业。

⑧噪声作业分级标准中规定的第三级、第四级的作业。

⑨体力劳动强度分级标准中规定的第三级、第四级体力劳动强度的作业。

⑩在密闭空间、高压室作业或者潜水作业，伴有强烈振动的作业，或者需要频繁弯腰、攀高、下蹲的作业。

（5）哺乳期禁忌从事的劳动范围

女职工在哺乳期身体还很虚弱，为了员工的健康着想，有些工作还不能马上开展，主要有以下四项。

①作业场所空气中铅及其化合物、汞及其化合物、苯、镉、铍、砷、氰化物、氮氧化物、一氧化碳、二硫化碳、氯、己内酰胺、氯丁二烯、氯乙烯、环氧乙烷、苯胺、甲醛等有毒物质浓度超过国家职业卫生标准的作业。

②非密封源放射性物质的操作，核事故与放射事故的应急处置。

③体力劳动强度分级标准中规定的第三级、第四级体力劳动强度的作业。

④作业场所空气中锰、氟、溴、甲醇、有机磷化合物、有机氯化合物等有毒物质浓度超过国家职业卫生标准的作业。

（6）孕期顺延劳动合同

根据《劳动合同法》规定，女职工在孕期、产期、哺乳期的，用人单位不得解除劳动合同，劳动合同期满，劳动合同应当续延至相应的情形消失时终止。

（7）加班

对怀孕 7 个月以上的女职工，用人单位不得延长劳动时间或者安排夜班劳动，并应当在劳动时间内安排一定的休息时间。且在劳动时间内进行产前检查，所需时间计入劳动时间。

对哺乳未满 1 周岁婴儿的女职工，用人单位不得延长劳动时间或者安排夜班劳动。

（8）哺乳时间

用人单位应当在每天的劳动时间内为哺乳期女职工安排 1 小时哺乳时间；女职工生育多胞胎的，每多哺乳 1 个婴儿每天增加 1 小时哺乳时间。

（9）生育保险待遇

生育保险是社保的一部分，女职工可享有的生育保险待遇有很多，但各地会有差别，一般来说包括以下几点。

①生育医疗补贴，包括产前检查费、输血费、手术费、住院费、药费，一般参照生育保险报销目录和最高限额予以补贴。

②生育津贴，指在职业妇女因生育而离开工作岗位、不再从事有报酬的工作以致收入中断时，及时给予定期的现金补助，以维护和保障妇女及婴儿的正常生活。

③医疗服务，指由医院、开业医生或助产士为职业妇女提供的妊娠、分娩和产后的医疗照顾，以及必需的住院治疗。定期对孕妇进行体检，并提供从怀孕到分娩的一系列医疗服务，以了解孕妇身体健康状况和胎儿成长情况。

7.2.3 竞业限制风险防控

竞业限制是《中华人民共和国劳动合同法》的重要内容，是用人单位对负有保守用人单位商业秘密的劳动者，在劳动合同、知识产权权利归属协议或技术保密协议中约定的竞业限制条款。

具体来说，竞业限制是指用人单位和知悉本单位商业秘密或者其他对本单位经营有重大影响的劳动者在终止或解除劳动合同后的，一定期限内不得在生产同类产品、经营同类业务或有其他竞争关系的用人单位任职，也不得自己生产与原单位有竞争关系的同类产品或经营同类业务。

很多企业对竞业限制存在误解，比如认为签订《保密协议》就能签订《竞业限制协议》，不论职位高低，一律签订《竞业限制协议》，导致员工离职后要支出额外的合理补偿。为了节约不必要的经营成本，竞业限制的人员一般限于以下三种。

◆ 高级管理人员：公司经理、副经理、财务负责人、上市公司董事会秘书和公司章程规定的其他人员。

◆ 高级技术人员：高级研究开发人员、技术人员、关键岗位的技术工人等容易接触到商业秘密的人员。

◆ 其他负有保密义务的人员：其他可能知悉企业商业秘密的人员，如市场销售人员、财会人员、秘书。

建议在入职时就签订竞业限制协议，避免员工离职时不签或拒签。根据法律规定，竞业限制期限不得超过二年，具体可由企业与劳动者共同约定。

而 HR 要求员工签订竞业限制协议，需要按照法律规定在竞业限制期限内按月给予劳动者经济补偿，一般是现金报酬，具体金额双方可以协商。下面通过竞业限制合同范本来了解具体的内容。

甲方：（企业）营业执照码：

乙方：（员工）身份证号码：

鉴于乙方知悉的甲方商业秘密具有重要影响，为保护双方的合法权益，双方根据国家有关法律法规，本着平等自愿和诚信的原则，经协商一致，达成下列条款，双方共同遵守：

一、乙方义务

1.1　未经甲方同意，在职期间不得自营或者为他人经营与甲方同类的行业。

1.2　不论因何种原因从甲方离职，离职后 2 年内不得到与甲方有竞争关系的单位就职。

1.3　不论因何种原因从甲方离职，离职后 2 年内不自办与甲方有竞争关系的企业或者从事与甲方商业秘密有关的产品的生产。

二、甲方义务

从乙方离职后开始计算竞业限制时起，甲方应当按照竞业限制期限向乙方支付一定数额的竞业限制补偿费。补偿费的金额为乙方离开甲方单位前一年的基本工资（不包括奖金、福利、劳保等）。补偿费按季支付，由甲方通过银行支付至乙方银行卡上。如乙方拒绝领取，甲方可以将补偿费向有关方面提存。

三、违约责任

3.1　乙方不履行规定的义务，应当承担违约责任，一次性向甲方支付违约金，金额为乙方离开甲方单位前一年的基本工资的 50 倍。同时，乙方因违约行为所获得的收益应当归还甲方。

3.2　甲方不履行义务，拒绝支付乙方的竞业限制补偿费甲方应当一次性支付乙方违约金人民币 5 万元。

四、争议解决

因本协议引起的纠纷，由双方协商解决。如协商不成，则提交 ×× 仲裁委员会仲裁。

五、合同效力

本合同自双方签章之日起生效。本合同的修改，必须采用双方同意的书面形式。

双方确认，已经仔细审阅过合同的内容，并完全了解合同各条款的法律含义。

甲方：（盖章）　　　　　　　　乙方：（签名）

7.2.4　加班管理风险

企业要发展业务自然免不了各种各样的加班情况，但是按理说，员工并没有义务加班，因此，企业应按法律的规定与员工协商加班各项事宜，包括加班时间的安排、加班费用的结算，以免员工不满而引起各种纠纷，造成企业内部的不和谐，影响正常工作进展。

为了规范员工加班管理，降低有关风险，HR 可从以下几方面入手。

（1）遵守法律规定

为了保障劳动者的合法权益，劳动法对加班事宜做出了各项规定，具体见表 7-2。

表 7-2　加班事宜法律规定

项　　目	法律规定
加班时间	国家实行劳动者每日工作时间不超过八小时、平均每周工作时间不超过四十四小时的工时制度 用人单位由于生产经营需要，经与工会和劳动者协商后可以延长工作时间，一般每日不得超过一小时 因特殊原因需要延长工作时间的，在保障劳动者身体健康的条件下延长工作时间每日不得超过三小时，但是每月不得超过三十六小时 用人单位不得违反本法规定延长劳动者的工作时间

续上表

项　　目	法律规定
加班工资	安排劳动者延长工作时间的，支付不低于工资的百分之一百五十的工资报酬 安排劳动者延长工作时间的，支付不低于工资的百分之一百五十的工资报酬 法定休假日安排劳动者工作的，支付不低于工资的百分之三百的工资报酬
节假日安排	用人单位在下列节日期间应当依法安排劳动者休假：元旦；春节；国际劳动节；国庆节；法律、法规规定的其他休假节日
休息日	用人单位应当保证劳动者每周至少休息一日

（2）设置加班流程

很多企业只设置了基本的考勤管理，对加班事宜却并不重视，在加班记录和考核上没有系统的流程，导致员工加班工资的核算非常混乱，这对于员工的劳动成果是种轻慢，久而久之会引起员工的不满。

所以 HR 应在企业内部设定固定的加班申请和记录流程，这样加班工作就有迹可循了。图 7-1 所示为某公司的加班流程。

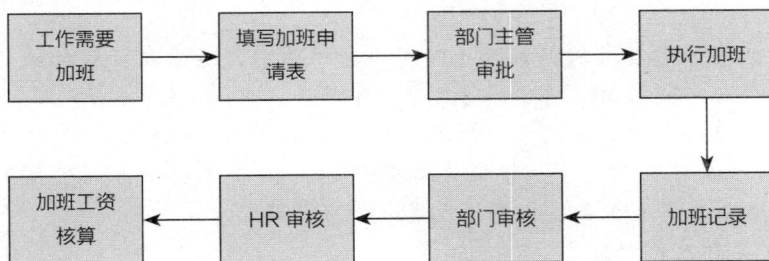

图 7-1　某公司的加班流程

（3）制定加班制度

当然，想要更规范地管理员工加班的各种事项，制定加班制度是最有效的，能够最大限度地保证公平，员工能照章办事，如下所示为某公司有关加班的管理规定。

1. 加班人员应提前向行政部递交加班申请单（递交时间：工作日应急加班于当天 16：00 前；周末加班于加班前最后一个星期五的 16：00 前，

国家法定节假日加班则于加班前一周）；特殊情况不能按时提交者，应由加班人员的部门主管电话通知行政部经理，在正常上班后的第一个工作日 17：30 前补交。

2. 本公司人员于休假日或工作时间外因工作需要而被指派加班时，如无特殊理由不得推诿。

3. 加班时间以 0.5 小时作为起点计时单位。累计 4 小时为 0.5 个工作日，累计 8 小时为 1 个工作日，累计 12 小时为 1.5 个工作日……依此类推。并以此作为计算加班补贴和调休的依据。（加班时间累计或累计后的零头按四舍五入）。

4. 已计算加班补贴或调休，奖金中不再作加班系数计算。

5. 工作日加班时间最多计 4 小时／天，周末、国家法定节假日的加班时间最多计 8 小时／天，且每个月加班时间不得超过 36 小时，超过者按 36 小时计。

6. 有下列情形之一的，延长工作时间不受本规定第 5 点的限制：

（1）发生自然灾害、事故或者因其他原因，威胁员工生命健康和财产安全，需要紧急处理的。

（2）生产设备、公共设施发生故障，影响生产和其他日常运作，必须及时抢修的。

7. 加班调休应在当年使用完毕，未使用完按放弃处理，不累积到下一年度。

8. 常驻公司人员的加班起止时间以打卡为准，外派人员的加班起止时间，以个人提交书面说明，部门主管签字确认为准。

9. 加班补偿方式有调休和加班补贴两种，一年内累计加班 15 个工作日（含 15 个工作日）以下，按调休处理；超过 15 个工作日，则根据工作紧张程度和员工本人意愿安排调休或发放加班补贴。

10. 调休时间计算：

（1）工作日加班按 1：1 的比例折算调休时间。

（2）周末和国家法定节假日加班按 1：1.5 的比例折算调休时间。

11. 加班补贴计算：

（1）工作日加班按正常工作日工资 1.5 倍计算加班补贴。

（2）周末加班按正常工作日工资 2 倍计算工资报酬。

（3）国家法定节假日加班按正常工作日工资的 3 倍计算工资报酬。

7.3　劳动关系解除风险

与员工解除劳动关系是 HR 的日常工作之一，也是常发生的一项管理行为，而解除劳动关系很有可能造成各种意想不到的风险，为了企业能在该事项中减少损失，HR 要做好充分的工作，与员工合理地解决离职事项。

7.3.1　员工离职风险

与员工解除劳动关系有两种常见情况，一是员工主动离职，二是公司解聘员工，相对来说，员工主动离职 HR 更好沟通，不过，仍然要面临以下一些风险，HR 应注意提前规避。

商业机密泄露风险。对于公司的核心人才离职，若不小心应对，很有可能造成公司的技术外流，这对公司的经营来说是毁灭性打击。因此，HR 应该与员工商议签订竞业限制协议，然后再商讨办理其他离职手续。

岗位空缺风险。员工离职自然会造成公司的岗位空缺，而 HR 要么留住员工，要么重新补上合适的人员，否则对日常工作是有一定影响的。HR 最好两手抓，一面想办法留住员工，一面寻找合适的替补人员，或是重新招聘。

客户丢失风险。对于在一线与客户交流的员工，极有可能与客户建立紧密的关系，这样的员工离职，很有可能带走有价值的客户。为了避免这种情况出现，公司在平时就要做好客户管理，最好不要一位员工长期负责固定的客户，企业内部有科学的客户管理制度，才能够有效应对这些变数。

对内部环境的影响。重要员工的离职容易影响部门的工作干劲，HR 应该注意对该部门员工的心理疏导，可提议部门负责人召开部门会议，对部门接下来的工作、员工基本要求等重点强调。

工资纠纷。员工离职必然会涉及工资结算，若是没有统一的标准，双方产生纠纷，对企业是有不利影响的。HR 一定要争取平和的解决，在企业规定的范围内满足员工的要求，更重要的是提前对员工离职工资条款进行约定，这样大家都没有异议。

面对这些可能发生的风险，HR 要注意做好以下一些基本工作，见表 7-3。

表 7-3 HR 处理离职基本工作

基本工作	具体介绍
了解离职原因	只有了解员工的离职原因，HR 才有可能了解员工的需求和不满，才有可能站在员工的立场上思考，这样双方产生冲突概率会变得很小。若是发现员工对公司的不满，HR 要及时安抚员工，适当提出一些解决方法
掌握相关法律条例	员工离职企业应该按照法律规定办理相关事项，根据《劳动合同法》第三十七条规定，劳动者提前三十日以书面形式通知用人单位，可以解除劳动合同。劳动者在试用期内提前三日通知用人单位，可以解除劳动合同。员工提交辞职信后，HR 按照规定时间为其办理离职手续即可
书面材料存档	与员工离职有关的各种书面文件，HR 都要整理存档、妥善保管，包括辞职信、离职手续表、结算清单、保密协议、离职面谈记录、离职交接表等，以备不时之需
开具离职证明	为了方便对方，HR 要为离职员工开具离职证明，确认与员工解除了劳动关系，将来即使产生纠纷也有证明的文件

7.3.2 公司解聘员工风险

企业与员工是相互考察的一种关系，若员工不满意企业环境可以离职，若企业不满意员工的表现也可以解聘员工。但解聘已经建立劳动关系的员工会比较麻烦，HR 一定要注意合规合法。那么，在哪些情况下公司解聘员工属于违法呢？下面一起来了解并有效规避。

①企业没有充分的证据证明员工无法胜任工作，具体表现为绩效考核过于主观，绩效考核制度不科学，员工的工作内容和岗位职责不够明确。

②辞退员工之前，企业没有提供调岗或培训等选项，帮助员工适应内部工作，然后直接通知员工离职。根据《劳动合同法》第四十条对无过失性辞退的规定，劳动者不能胜任工作，经过培训或者调整工作岗位，仍不能胜任工作的，用人单位提前三十日以书面形式通知劳动者本人或者额外支付劳动者一个月工资后，可以解除劳动合同。

③企业工作目标或是绩效目标设置不合理，若公司为了让员工创造利润，设置过高的工作目标，而员工难以达到，责任不在员工，是不能作为

合理的辞退条件。

④企业解雇受保护的员工，对于受法律保护的弱势群体，企业不能随意辞退，如女职工在孕期、产期、哺乳期的；在本单位患职业病或者因工负伤并被确认丧失或者部分丧失劳动能力的，等等。

7.3.3　经济性裁员的注意事项

企业在经营过程中出现问题，可以裁减因生产经营状况发生变化而产生的富余人员，为企业经营带来转机。根据《劳动合同法》第四十一条规定，有下列情形之一，需要裁减人员二十人以上或者裁减不足二十人但占企业职工总数百分之十以上的，用人单位提前三十日向工会或者全体职工说明情况，听取工会或者职工的意见后，裁减人员方案经向劳动行政部门报告，可以裁减人员：

（一）依照企业破产法规定进行重整的；

（二）生产经营发生严重困难的；

（三）企业转产、重大技术革新或者经营方式调整，经变更劳动合同后，仍需裁减人员的；

（四）其他因劳动合同订立时所依据的客观经济情况发生重大变化，致使劳动合同无法履行的。

企业裁减人员应当严格依照法律和有关规章规定的程序进行。企业只有具备了法定条件并严格按照法定程序进行，裁减人员才是合法的，以裁减人员的方式与职工解除劳动合同才是有效的。HR 在处理裁员工作时应该注意以下一些事项。

◆ 注意通知裁员的时间，公司应提前三十日通知被裁员工，否则要多支付一个月工资作为补偿。

◆ 注意裁员的范围，有的员工是不能被裁员的类型，HR 要注意筛选可裁员名单。

◆ 裁减人员时，应当优先留用三类人员，一是与本单位订立较长期限的固定期限劳动合同的；二是与本单位订立无固定期限劳动合同的；三是家庭无其他就业人员，有需要扶养的老人或者未成年人的。

◆ 企业裁员时，要注意缴清各项社保费用、员工工资、需要报销各项的费用，保存好结算单据。

◆ 裁员后，HR 应在规定期限内办理社保及人事档案转移手续，具体参考各省市相关规定。

7.3.4 经济补偿的法定情形和补偿标准

经济补偿金是指在劳动者无过失的情况下，劳动合同解除或终止时，用人单位依法一次性支付给劳动者的经济上的补助。企业与员工解除或终止劳动关系，会涉及一些经济补偿金的核算。具体公式为：

$$经济补偿金（N）= 计算年限 × 计算基数$$

根据《劳动合同法》第四十七条规定，经济补偿按劳动者在本单位工作的年限，每满一年支付一个月工资的标准向劳动者支付。六个月以上不满一年的，按一年计算；不满六个月的，向劳动者支付半个月工资的经济补偿。

劳动者月工资高于用人单位所在直辖市、设区的市级人民政府公布的本地区上年度职工月平均工资三倍的，向其支付经济补偿的标准按职工月平均工资三倍的数额支付，向其支付经济补偿的年限最高不超过十二年。

本条所称月工资是指劳动者在劳动合同解除或者终止前十二个月的平均工资。（如果前 12 个月平均工资收入低于本市职工最低工资的，按本市职工最低工资标准计算）

关于用人单位需向劳动者支付经济补偿金的具体情形，见表 7-4。

表 7-4　经济补偿的法定情形

分　类	具体情形	补偿标准
员工主动提出解除劳动合同	1. 未按照劳动合同约定提供劳动保护或者劳动条件的 2. 未及时足额支付劳动报酬的 3. 未依法为劳动者缴纳社会保险费的 4. 用人单位的规章制度违反法律、法规的规定，损害劳动者权益的 5. 以欺诈、胁迫的手段或者乘人之危，使对方在违背真实意思的情况下订立或者变更劳动合同的	N

续上表

分　　类	具体情形	补偿标准
	企业与员工协商一致需要支付经济补偿金的，可按协商金额支付	可协商
公司向员工提出解除劳动合同（一）	1. 劳动者患病或者非因工负伤，在规定的医疗期满后不能从事原工作，也不能从事由用人单位另行安排的工作的 2. 劳动者不能胜任工作，经过培训或者调整工作岗位，仍不能胜任工作的 3. 劳动合同订立时所依据的客观情况发生重大变化，致使劳动合同无法履行，经用人单位与劳动者协商，未能就变更劳动合同内容达成协议的	$N+1$
公司向员工提出解除劳动合同（二）	经济性裁员	N
	公司无故单方辞退员工的	$2N$

上表中，N 指《劳动合同法》中规定的经济补偿金，"$N+1$"指在规定的经济补偿金上再多加一个月的赔偿金额，"$2N$"指按双倍经济补偿金支付员工。

第8章
工伤事故处理得心应手

　　工伤事故在日常工作中难以避免，一旦发生，无论对企业还是对员工都会产生不小的影响，HR 负责人事工作自然要极力预防工伤事故的发生，而在工伤事故之后还要负责安慰员工，帮助员工申请工伤保险补助。因此，对有关工伤保险、工伤预防、职业病知识，HR 都应有充分地了解。

8.1　工伤处理常识

工伤即"因工负伤"，是企业管理中一项较为复杂的事项，也是非常容易起冲突的事项，HR 在处理工伤事宜时要小心谨慎，了解工伤相关政策，依据法律规定开展工作，体现出公司的人性化。

8.1.1　工伤的界定范围

工伤范围是工伤认定的前提，一般由法律直接规定。认定工伤范围即要了解怎样算工伤、哪些情况属于工伤、哪些情况无法被认定为工伤。根据《工伤保险条例》第十四条规定，职工有下列情形之一的，应当认定为工伤。

①在工作时间和工作场所内，因工作原因受到事故伤害的。

②工作时间前后在工作场所内，从事与工作有关的预备性或者收尾性工作受到事故伤害的。

③在工作时间和工作场所内，因履行工作职责受到暴力等意外伤害的。

④患职业病的。

⑤因工外出期间，由于工作原因受到伤害或者发生事故下落不明的。

⑥在上下班途中，受到非本人主要责任的交通事故或者城市轨道交通、客运轮渡、火车事故伤害的。

⑦法律、行政法规规定应当认定为工伤的其他情形。

除了以上认定工伤的情况外，根据《工伤保险条例》第十五条规定，满足以下情形的，视同工伤。

①在工作时间和工作岗位，突发疾病死亡或者在 48 小时之内经抢救无效死亡的。

②在抢险救灾等维护国家利益、公共利益活动中受到伤害的。

③职工原在军队服役，因战、因公负伤致残，已取得革命伤残军人证，到用人单位后旧伤复发的。

但是，HR 应该注意，即使满足法律规定的工伤认定条件，但由一些故意、违法、不应提倡和严厉禁止的行为造成人身伤害的，不能认定为工伤，具体包括如下几种情况。

◆ 故意犯罪的。

◆ 醉酒或者吸毒的。

◆ 自残或者自杀的。

也就是说，工伤事故中存在故意犯罪、醉酒、吸毒、自残或自杀等情形，则不能被认定为工伤。HR 一定要充分了解调查工伤事故的全过程，对起因、经过、结尾了然于胸，以免盲目赔偿，使企业遭受损失。

下面来看一个案例。

范例解析 **因办公室冲突受伤能否被认定为工伤**

小周是 ×× 公司的股东，也是该公司经理。2022 年 7 月 12 日下午 6 点左右，小周在办公室与公司法定代表人孟四因公司经营状况发生争执，在交谈中矛盾激化后发展为打架行为。

小周在此过程中受伤，经本市人民医院治疗，诊断为左侧桡骨远端闭合性粉碎性骨折并腕关节脱位，左侧第 9 肋骨骨折，鼻部软组织挫裂伤，全身软组织挫裂伤。

小周提起工伤认定申请，但是 HR 了解情况后做出不予认定工伤决定。遂小周法院提起诉讼，后经法院判决，不予认定工伤。

该案例中争议的焦点是小周受伤性质是否应认定为工伤。根据《工伤保险条例》第十四条规定，职工在工作时间和工作场所内，因工作原因受到事故伤害的；因履行工作职责受到暴力等意外伤害的，应当认定为工伤。

但是根据事实，小周在办公室与孟四因公司经营状况发生争执，在交谈中矛盾激化后发展为双方斗殴并受伤，小周的受伤虽然与履行工作职责有一定的联系，但这种联系并不是直接的，小周受伤的直接原因是与他人斗殴中被他人打伤。因此，小周的受伤与其履行股东、公司经理工作职责之间没有直接的必然的联系，不符合《工伤保险条例》第十四条的规定情形。所以 HR 的判断并无不当。

8.1.2 工伤的不同种类

工伤有各种不同的情况，按照不同的分类方式可将工伤分为不同种类，表 8-1 为工伤的具体分类。

表 8-1　工伤分类

分类方式	具体分类
受伤程度	一般分为轻伤和重伤，也可分为：①轻伤；②中度伤；③无生命危险的重伤；④有生命危险的重伤；⑤危重、存活和不明
皮肤或黏膜表面有无伤口	分为开放性损伤和闭合性损伤
致伤因素	机械性损伤，如锐器造成的切割伤和刺伤，钝器造成的挫伤，建筑物倒塌造成的挤压伤，高处坠落引起的骨折
	物理性损伤，如烫伤、烧伤、冻伤、电损伤、电离辐射损伤
	化学性损伤，如强酸、强碱、磷和氢氟酸等造成的灼伤
受伤部位	可分为颅脑伤、面部伤、胸部伤、腹部伤和肢体伤
受伤组织和器官多寡	分为单个伤和多发伤

其中按受伤程度和致伤因素分类是最常见的，HR 了解常见的工伤分类有哪些，在面对具体情形时，才知道如何快速应对。

> **知识扩展　工伤保险基金的构成**
>
> 根据《工伤保险条例》第七条规定，工伤保险基金由用人单位缴纳的工伤保险费、工伤保险基金的利息和依法纳入工伤保险基金的其他资金构成。

8.1.3　如何选择工伤救治医院

当工伤事故发生时，用人单位应该做好哪些工作，履行哪些职责呢？具体包括以下三项。

①企业相关负责人应当快速将其送医，以确保员工的生命安全。

②用人单位应以书面形式或电话形式向社会保险行政部门和社保经办机构报告，采取措施使受伤职工得到及时救治，垫付有关费用，待工伤认定后再由工伤保险基金支付；对工伤死亡职工要妥善处理善后工作。

③发生工伤事故时，用人单位应当实行快报制度。发生重特大事故时，参保单位应于事故发生后 24 小时内报告；发生一般事故或者被诊断、确认为职业病时，参保单位应于事故发生后 72 小时内报告。

而在送医时，企业应该如何选择救治医院呢？在《工伤保险条例》中对工伤送医进行了规定，主要分为以下两种情况。

◆ 通常情况：员工因工受伤后，治疗工伤应当在签订服务协议的医疗机构就医。如果无法完成救治，则可在有资质的其他医院进行就医。

◆ 特殊情况：当员工因工负伤，情况紧急，危及员工生命等情况下，可以先到就近的医疗机构急救，以确保员工的生命安全。病情稳定后再转移到定点医疗机构。

而签订服务协议的医疗机构具体指什么呢？其具备哪些特点呢？基本应符合以下四点要求。

①应为合法医疗机构、辅助器具配置机构。应按照《医疗机构管理条例》等规定，经登记并取得合法、有效的医疗机构执业许可证。

②具有相应的人员、技术设备和相对固定的服务对象，能保证及时提供服务。严格遵守有关质量规定，建立健全各项质量管理制度。

③能够严格执行国家、省（自治区、直辖市）物价和计量部门规定的价格及计量标准，定期接受物价和计量部门的监督、检查，并取得合格证明。

④应当具备能够为工伤职工有效提供基本医疗服务所需的资格与条件，包括能够严格执行有关工伤保险用药、诊疗、住院服务目录和标准等规定，制定与工伤保险日常管理相适应的内部管理制度，配备和使用必需的管理设备和手段。

8.1.4 工伤保险的各种待遇

劳动者因工负伤或职业病暂时或永久失去劳动能力以及死亡时，工伤不管什么原因，责任在个人或在企业，都享有社会保险待遇，即补偿不究过失原则。

工伤保险待遇实际就是员工认定工伤后，用人单位所应当承担的责任。由于国家实行强制工伤保险制度，用人单位定期缴纳工伤保险费，并以此建立工伤保险基金，因此用人单位的赔偿责任转嫁到工伤保险机构，由工伤保险机构对工伤职工提供保险待遇。

根据《工伤保险条例》的相关规定，工伤保险待遇包括以下八种。

（1）就医待遇

职工因工作遭受事故伤害或者患职业病进行治疗，享受工伤医疗待遇。具体内容见表 8-2。

表 8-2　就医待遇内容

待遇内容	具体介绍
治疗费用	治疗工伤所需费用符合工伤保险诊疗项目目录、工伤保险药品目录、工伤保险住院服务标准的，从工伤保险基金支付。工伤保险诊疗项目目录、工伤保险药品目录、工伤保险住院服务标准，由国务院社会保险行政部门会同国务院卫生行政部门、食品药品监督管理部门等部门规定
补助费用	职工住院治疗工伤的伙食补助费，以及经医疗机构出具证明，报经办机构同意，工伤职工到统筹地区以外就医所需的交通、食宿费用从工伤保险基金支付，基金支付的具体标准由统筹地区人民政府规定
康复治疗费用	工伤职工到签订服务协议的医疗机构进行工伤康复的费用，符合规定的，从工伤保险基金支付

（2）伤残辅助工具

工伤职工因日常生活或者就业需要，经劳动能力鉴定委员会确认，可以安装假肢、矫形器、假眼、假牙和配置轮椅等辅助器具，所需费用按照国家规定的标准从工伤保险基金支付。

（3）停工留薪

职工因工作遭受事故伤害或者患职业病需要暂停工作接受工伤医疗的，在停工留薪期内，原工资福利待遇不变，由所在单位按月支付。

停工留薪期一般不超过 12 个月。伤情严重或者情况特殊，经设区的市级劳动能力鉴定委员会确认，可以适当延长，但延长不得超过 12 个月。工伤职工评定伤残等级后，停发原待遇，按照本章的有关规定享受伤残待遇。工伤职工在停工留薪期满后仍需治疗的，继续享受工伤医疗待遇。

生活不能自理的工伤职工在停工留薪期需要护理的，由所在单位负责。

（4）生活护理

工伤职工已经评定伤残等级并经劳动能力鉴定委员会确认需要生活护理的，从工伤保险基金按月支付生活护理费。

生活护理费按照生活完全不能自理、生活大部分不能自理或者生活部分不能自理三个不同等级支付，其标准分别为统筹地区上年度职工月平均工资的 50%、40% 或者 30%。

（5）伤残待遇

职工因工致残，可按照不同的伤残等级，享受不同的伤残待遇，具体见表 8-3。

（6）复发治疗

工伤职工工伤复发，确认需要治疗的，享受《工伤保险条例》规定的工伤待遇。

表 8-3　伤残待遇内容

伤残待遇	具体介绍
一级至四级伤残	职工因工致残被鉴定为一级至四级伤残的，保留劳动关系，退出工作岗位，享受以下待遇： ①从工伤保险基金按伤残等级支付一次性伤残补助金，标准为：一级伤残为 27 个月的本人工资，二级伤残为 25 个月的本人工资，三级伤残为 23 个月的本人工资，四级伤残为 21 个月的本人工资 ②从工伤保险基金按月支付伤残津贴，标准为：一级伤残为本人工资的 90%，二级伤残为本人工资的 85%，三级伤残为本人工资的 80%，四级伤残为本人工资的 75%。伤残津贴实际金额低于当地最低工资标准的，由工伤保险基金补足差额 ③工伤职工达到退休年龄并办理退休手续后，停发伤残津贴，按照国家有关规定享受基本养老保险待遇。基本养老保险待遇低于伤残津贴的，由工伤保险基金补足差额 职工因工致残被鉴定为一级至四级伤残的，由用人单位和职工个人以伤残津贴为基数，缴纳基本医疗保险费

续上表

伤残待遇	具体介绍
五级、六级伤残	职工因工致残被鉴定为五级、六级伤残的，享受以下待遇： ①从工伤保险基金按伤残等级支付一次性伤残补助金，标准为：五级伤残为 18 个月的本人工资，六级伤残为 16 个月的本人工资 ②保留与用人单位的劳动关系，由用人单位安排适当工作。难以安排工作的，由用人单位按月发给伤残津贴，标准为：五级伤残为本人工资的 70%，六级伤残为本人工资的 60%，并由用人单位按照规定为其缴纳应缴纳的各项社会保险费。伤残津贴实际金额低于当地最低工资标准的，由用人单位补足差额 　经工伤职工本人提出，该职工可以与用人单位解除或者终止劳动关系，由工伤保险基金支付一次性工伤医疗补助金，由用人单位支付一次性伤残就业补助金。一次性工伤医疗补助金和一次性伤残就业补助金的具体标准由省、自治区、直辖市人民政府规定
七级至十级伤残	职工因工致残被鉴定为七级至十级伤残的，享受以下待遇： ①从工伤保险基金按伤残等级支付一次性伤残补助金，标准为：七级伤残为 13 个月的本人工资，八级伤残为 11 个月的本人工资，九级伤残为 9 个月的本人工资，十级伤残为 7 个月的本人工资 ②劳动、聘用合同期满终止，或者职工本人提出解除劳动、聘用合同的，由工伤保险基金支付一次性工伤医疗补助金，由用人单位支付一次性伤残就业补助金。一次性工伤医疗补助金和一次性伤残就业补助金的具体标准由省、自治区、直辖市人民政府规定

（7）因工死亡待遇

职工因工死亡，其近亲属按照下列规定从工伤保险基金领取丧葬补助金、供养亲属抚恤金和一次性工亡补助金：

①丧葬补助金为 6 个月的统筹地区上年度职工月平均工资。

②供养亲属抚恤金按照职工本人工资的一定比例发给由因工死亡职工生前提供主要生活来源、无劳动能力的亲属。标准为：配偶每月 40%，其他亲属每人每月 30%，孤寡老人或者孤儿每人每月在上述标准的基础上增加 10%。核定的各供养亲属的抚恤金之和不应高于因工死亡职工生前的工

资。供养亲属的具体范围由国务院社会保险行政部门规定。

③一次性工亡补助金标准为上一年度全国城镇居民人均可支配收入的20倍。

（8）因工失踪待遇

职工因工外出期间发生事故或者在抢险救灾中下落不明的，从事故发生当月起3个月内照发工资，从第4个月起停发工资，由工伤保险基金向其供养亲属按月支付供养亲属抚恤金。生活有困难的，可以预支一次性工亡补助金的50%。

知识扩展 **停止工伤保险待遇**

根据《工伤保险条例》第四十二条规定，工伤职工有下列情形之一的，停止享受工伤保险待遇：

①丧失享受待遇条件的。

②拒不接受劳动能力鉴定的。

③拒绝治疗的。

8.1.5　企业需要支付哪些费用

员工发生工伤事故，由当地人社局认定为工伤的，在治疗、恢复期间，可接受工伤保险基金支付的各项费用，最大限度地帮助员工积极治疗，具体有以下九项。

◆ 治疗工伤的医疗费用和康复费用。

◆ 住院伙食补助费。

◆ 到统筹地区以外就医的交通食宿费。

◆ 安装配置伤残辅助器具所需费用。

◆ 生活不能自理的，经劳动能力鉴定委员会确认的生活护理费。

◆ 一次性伤残补助金和一至四级伤残职工按月领取的伤残津贴。

◆ 终止或者解除劳动合同时，应当享受的一次性医疗补助金。

◆ 因工死亡的，其遗属领取的丧葬补助金、供养亲属抚恤金和因工死亡补助金。

◆ 劳动能力鉴定费。

除了工伤保险基金支付的费用，可能还有一部分需要员工自费，从人性化的角度来说，企业也需要承担一部分，有的费用是法律规定的需要企业承担的，有的费用需要企业与员工协商承担。

因工伤发生的下列费用，按照国家规定由用人单位支付。

①治疗工伤期间的工资福利。

②五级、六级伤残职工按月领取的伤残津贴。

③终止或者解除劳动合同时，应当享受的一次性伤残就业补助金。

而其他一些工伤医药费报销的自费部分，用人单位是否承担，承担多少，在实际工作中容易产生纠纷，企业 HR 要注意与员工就自费费用进行沟通，极力避免双方出现冲突与矛盾。沟通的要点如下所示。

①事前提醒。在员工治疗过程中有很多难以预计的因素，所以 HR 要事先告知员工有些项目是自费的，如果数额较大，可以及时和企业沟通，不要私自决定用贵价药。

②时刻监督。企业应对员工的治疗项目时刻掌握，懂得拒绝员工不合理的治疗需求，尽量采用保险基金范围内的医疗项目。

③合理分摊。员工已经遭受了伤痛的困扰，从关怀员工的角度，企业可以承担医药费自费部分，不过应具体情况具体分析，如果自费部分是治疗所必需的，单位可以考虑承担。但如果是可以选择的情况，员工却一定要使用高档药，企业也应该礼貌拒绝。

④按比例协商。在与员工协商的时候，企业可提出按比例分摊自费部分，或是按价位分担，如 3 000 元以内公司承担，或是公司承担 50%。

下面通过一个案例来了解自费项目的支付对象。

范例解析　公司支付员工自费药款 5 000 元

张三原是某食品有限公司的一名职工，两年前在车间工作时右手中指被机器压伤，前后花费医疗费 3 万元，其中自费药款 5 000 元，食品公司将医疗费全额垫付。

同年 10 月，经劳动和社会保障部门认定，张三为工伤十级，社保局向其所在食品公司拨付张三此次工伤医疗费 2.5 万元。

食品公司认为，公司支付医疗费 3 万元，社保基金只报销了 2.5 万元，那剩下的 5 000 元自费药款应当由张三个人承担。

于是，食品公司向该市劳动争议仲裁委员会申请仲裁，要求张三返还公司垫付的自费药款 5 000 元。仲裁委裁决支持了食品公司的请求。张三不服，向××市法院提起诉讼。

对于不符合诊疗目录的工伤医疗费应当由谁承担的问题，法律条例中并未做出明确具体的规定。所以导致了很多类似的纠纷，虽然用人单位依法为职工缴纳了工伤保险，但并不意味着发生工伤后，用人单位就无须承担任何责任。

治疗工伤产生的医疗费属于直接经济损失，医疗费中不符合工伤保险基金支付标准的费用，由用人单位承担更符合工伤保险制度设立的基本原则。最终，××市人民法院依法做出判决，由公司承担张三工伤医疗费自费部分 5 000 元。

8.1.6 企业如何处理自费异议

由于相关法律法规对工伤自费费用的支付问题没有具体的规定，而法律为了保护劳动者，使得企业在这方面显得较为被动。那么，面对高额的、不合理的自费费用，企业就必须要承担吗？

自然不是，企业应对员工的自费账单进行严格审核，其中不合理的项目可以选择拒绝，即使是法院仲裁，公司也有理有据。自费项目的大致分类，见表 8-4。

表 8-4 自费项目分类

分类情况	具体介绍
工伤急救	进行急救、抢救期间，用药、诊疗范围不受"三个目录"限制，由医疗机构根据工伤职工的救治需要实施救治。由此产生的自付费用，用人单位承担
员工未经同意产生自费项目	在治疗过程中，工伤医疗机构已向工伤职工说明，工伤职工自行选择超出目录范围的治疗方案所产生的费用，未经用人单位和基金同意的，由工伤职工承担
私自购买与工伤无关的物品	工伤员工在工伤治疗期间，未经用人单位同意，私自购买与伤治疗无关的产品、药品，或要求医院进行相关服务，产生的自费费用，用人单位可以不予报销

工伤是意外事件，是员工与企业都不想发生的，要想最大限度地降低工伤带给企业及员工的风险，企业应该注重工伤管理，制定完善的工伤管

理制度，对可能出现的情况进行预防和说明。

　　HR 在制定工伤管理制度时，要考虑一个基本原则，即企业制定的工伤制度要符合国家的相关法律法规。下面来看看某公司工伤管理制度中关于工伤医疗费报销的有关规定。

范例解析　某公司关于工伤医疗费报销的有关规定

　　7. 工伤医疗费用报销

　　7.1　一般情况下，工伤员工必须在工伤中心指定的医院进行治疗，其治疗费用由公司根据实际情况先行垫付或向工伤中心申请医院垫付。医疗终结后，由公司向工伤中心统一结算，不存在任何报销情况。

　　7.2　如因工伤中心指定医院的医疗条件所限需要转院的，应当由指定医院提出，并经安保部审核、公司分管领导同意后，方可转到工伤中心认可的其他医院就诊。工伤员工报销费用时必须提交下列资料：工伤事故当事人的身份证明；事故伤害调查报告（如出差期间发生的交通事故或安全事故还需出具交通部门或公安部门的报告）；工伤中心认可的医疗机构出具的医疗诊断证明、病历、处方；医疗、医药费原始票据等。

　　7.3　经指定医疗机构出具证明，报经工伤中心同意，工伤员工到统筹地区以外就医的，所需往返交通费由公司按照因公出差标准报销。

　　7.4　上班时间，员工在厂区内发生工伤事故后，在当日下班前既未向车间或部门直接领导汇报，又未向安保部或办公室汇报，事后再提出工伤医疗申请的，公司将以无法认定或判明的情形不予受理，所有费用和后果由其本人承担。

　　7.5　发生工伤事故后，工伤员工在没有得到公司同意的情况下，私自到外就诊，所产生的一切医疗费用，由其本人承担。

　　7.6　工伤员工在治疗工伤期间，所需费用必须符合工伤保险诊疗项目目录、工伤保险药品目录、工伤保险住院服务标准，否则，所产生的自费部分由员工个人承担。

　　8. 工伤医疗期及工资待遇

　　8.1　员工因工作遭受事故伤害或者患职业病需要暂停工作接受工伤医疗的，停工留薪医疗期在 30 天以内的，根据公司指定的医疗机构出具的诊断意见确定；停工留薪医疗期超过 30 天的，公司保留向劳动鉴定委员会申请鉴定的权利。

　　8.2　在停工留薪医疗期内，工伤员工的工资福利待遇按《工伤保险条例》和《××市工伤保险实施暂行办法》有关规定执行。

8.3　工伤员工评定伤残等级后，继续与公司保留劳动关系的，停发原待遇（停工留薪待遇），按照《工伤保险条例》和《××市工伤保险实施暂行办法》的有关规定享受伤残待遇。

8.4　工伤员工在停工留薪期满后，一个工作日内必须到公司报到。否则，将按旷工进行处理；超过5日未向公司报到的，按自动离职处理，一切后果由其本人承担。

8.2　工伤保险申请

工伤事故发生后，单位或员工应及时做工伤认定申请，企业应注意申报的申报时限以及申报需准备的材料，避免因申报不符合规定而影响员工享受工伤保险待遇，产生纠纷。

8.2.1　工伤申报要注意期限

工伤申报是具有时限性的，企业要按照法律规定及时申报，否则很有可能承受意想不到的损失。具体有两种不同的情况。

固定期限。用人单位应当在工伤事故发生后的30日内向统筹地区社会保险行政部门提出工伤认定申请。社会保险行政部门自受理工伤认定申请之日起60日内做出工伤认定的决定，并书面通知申请工伤认定的职工。

特殊情况。企业申报工伤遇有特殊情况，经报社会保险行政部门同意，申请时限可以适当延长。

如果用人单位未按照相关规定，在工伤事故发生后的30日内进行申报，会造成以下两种情况。

①用人单位未按规定提出工伤认定申请的，工伤职工或者其近亲属、工会组织在事故伤害发生之日或者被诊断、鉴定为职业病之日起1年内，可以直接向用人单位所在地统筹地区社会保险行政部门提出工伤认定申请。

②用人单位未在规定的时限内提交工伤认定申请，在此期间发生符合本条例规定的工伤待遇等有关费用由该用人单位负担，工伤保险基金不对这段时间的费用进行赔付。

下面通过一个案例来说明及时申报工伤的重要性。

范例解析 **某企业未及时申报工伤负赔偿责任**

凌凌在 ×× 公司工作，双方签订了劳动合同，公司为凌凌缴纳了社会保险。2021 年 7 月 15 日，凌凌在上班途中发生交通事故受伤。凌凌先后住院治疗两次，共住院 15 天，医嘱建议休息 6 个月。凌凌受伤后，公司没有在 30 天内向社保部门提出工伤认定申请。8 月 23 日，凌凌向工伤认定部门申请工伤认定，被认定为工伤。

次年 8 月 5 日，凌凌的伤情经市劳动能力鉴定委员会鉴定致残程度为八级。后凌凌申请仲裁，要求公司支付各项工伤保险待遇。仲裁委做出仲裁裁决书，其中有一项裁决为 ×× 公司需支付凌凌医疗费。

×× 公司认为企业已经为凌凌缴纳了工伤保险，医疗费应当由工伤保险基金赔付，单位无须承担，故不服该项仲裁裁决结果，诉至法院。

上例中，×× 公司虽然为凌凌缴纳了工伤保险，但未在规定的时间内为凌凌申请工伤认定，因此在此期间产生的医疗费应由该公司承担。双方确认，凌凌申请工伤认定前共产生医疗费 44 582 元，未能获得工伤保险基金赔付。法院最终判决出 ×× 公司支付凌凌上述医疗费用。

8.2.2　工伤申报材料

工伤申报当然要准备好相应的资料，以证明工伤的具体情况，因此在工伤事故发生后，HR 便应注意收集与准备各项有关资料，收集齐全后就要及时进行申报，那么，劳动保障行政部门需要的材料有哪些呢？

◆ 提出工伤认定申请应当填写工伤认定申报登记表、工伤认定申请表、工伤申报证据清单。

◆ 《劳动合同》复印件或其他建立劳动关系的有效证明（如工资卡明细单、工资条、胸卡、考勤卡等复印件，原件需同时带好）；个人申报的需提供企业工商注册登记档案。

◆ 受伤害职工居民身份证复印件。

◆ 医疗机构出具的医疗诊断证明或者职业病诊断证明书（或者职业病诊断鉴定书）。

◆ 两人以上旁证证明（证人证言，需手写，附证明人身份证复印件）。

以上四项是基本的证明材料，在一些特殊情况下，企业还应提供其他的证明材料，具体见表 8-5。

表 8-5　工伤申报的特殊证明材料

特殊情况	具体介绍
因工外出受伤	因工外出期间，由于工作原因，受到交通事故或其他意外伤害的，需提交如"派工单""出差通知书"，或者其他能证明因工外出的"原始证明"材料
上下班机动车事故	属于上下班受机动车事故伤害的，需提交上下班的作息时间表、单位至职工居住地的正常路线图；公安交通管理部门的交通事故责任认定书和交通事故损害赔偿调解书；个人驾驶机动车发生交通事故的，需提供机动车驾驶证
借用、劳务输出人员因工受伤	属于借用、劳务输出人员，需提交双方单位的协议书；借用或劳务输入单位的事故调查报告；并由劳动关系所在单位申报并提交劳动合同文本或其他建立劳动关系的有效证明；劳务输出职工名单（需经双方单位盖章确认）
委托他人工伤认定	直系亲属代表伤亡职工提出工伤认定申请的，还需提交有效的委托证明、直系亲属关系证明 单位工会组织代表伤亡职工提出工伤认定申请的，还需提交单位工会介绍信、办理人身份证明
因战、因公负伤致残的转业、复员军人，旧伤复发的	需提交《残疾军人证》及劳动能力鉴定机构对旧伤复发的确认
交通肇事逃逸的	需提交公安交通管理部门的相关证明

8.2.3　工伤认定申请表有格式吗

　　工伤申报的资料中，工伤认定申报登记表、工伤认定申请表、工伤申报证据清单多是由政府部门制作，有统一的格式，如图 8-1 所示。

　　HR 可以在当地劳动行政部门领取，或是在政府门户网站免费下载，不同地区可能表格内容有所差异。

工伤认定申请表

受伤害职工所在用人单位：

申请人：

受伤害职工：

申请人与受伤害职工关系：

申请人详细地址：

邮政编码：

联系人：

联系电话(办公电话/手机)：

填表日期：　　年 月 日

市人力资源和社会保障局制

填 表 说 明

1、用钢笔或签字笔填写，字体工整清楚。

2、申请人为用人单位或工会组织的，在首页名称处加盖公章。

3、事业单位职工填写职业类别，企业职工填写工作岗位（或工种）类别。

4、伤害部位一栏填写受伤的具体部位。

5、诊断时间一览，职业病者，按职业病确诊时间填写；受伤或死亡的，按初诊时间填写。

6、事故类别指按国家标准《企业职工伤亡事故分类》分类，如：机械伤害、物体打击等。

7、职业病名称按职业病诊断证明书或者职业病诊断鉴定书填写，接触职业病危害时间按实际接触时间填写，不是职业病的不填。

8、伤害经过简述，应写清事故发生时间、地点，当时所从事的工作，受伤害的原因以及伤害部分和程度。

职业病患者应写清在何单位从事何种有害作业，起止时间，确诊结果。

属于下列情况应提供相关的证明材料：

（一）因履行工作职责受到暴力伤害的，提交公安机关或人民法院的判决书或其他有效证明；

（二）上下班途中，受到非本人主要责任的交通事故或者城市轨道交通、客运轮渡、火车事故伤害的，提交公安机关交通管理部门或者其他相关部门的证明、房产证、户口等；

（三）因工外出期间，由于工作原因受到伤害或者发生事故下落不明的，提交公安部门的证明或者相关部门的证明；发生事故下落不明的，认定因工死亡提交人民法院宣布死亡的结论

（四）在工作时间和工作岗位，突发疾病死亡或者在 48 小时之内经抢救无效死亡的，提交医疗机构的抢救证明

（五）属于抢险救灾等维护国家利益、公众利益活动中收到伤害的，按照法律法规规定，提交有效证明；

（六）属于因战、因公负伤致残的转业、复员军人，旧伤复发的，提交《革命伤残军人证》及劳动能力鉴定机构对旧伤复发的诊断证明；

（七）与工伤事故相关的其他材料。

9、受伤害职工或亲属意见应写明是否同意申请工伤认定，以上所填内容是否真实。

10、用人单位意见栏，单位应签署是否同意申报工伤，所填情况是否属实，如不同意申报工伤，请说明理由，法定代表人签字并加盖单位公章。

11、人力资源和社会保障行政部门审查资料和受理意见栏应填写补正材料的情况，是否受理的意见。

职工姓名		性别		出生日期	年 月 日	
身份证号码				联系电话		
家庭地址				邮政编码		
工作单位				联系电话		
单位地址				邮政编码		
职业、工种或工作岗位				参加工作时间		
是否参加工伤保险	是□　否□			事故时间(填写到时、分钟)		
事故地点				诊断时间		
事故主要原因				事故类别		
伤情诊断				职业病名称		
接触职业病危害岗位				接触职业病危害时间		

受伤害经过简述（可附页）

受伤职工或亲属意见：

签字：

年 月 日

用人单位意见：

法定代表人签字：
（单位公章）

年 月 日

社会保险行政部门审查资料和受理意见

经办人签字：

年 月 日

负责人签字：
（公章）

年 月 日

备注：

图 8-1　工伤认定申请表

　　除了申请表外，工伤申报证据清单，有时也称作工伤认定申请材料登记表，其常见格式见表 8-6，也是由某地政府发布的表格。

表 8-6　工伤申报证据清单

序　号	材料名称	页　数	申请经手人	交材料时间	接受人	接收时间

8.2.4　伤残等级鉴定

在员工遭受意外工伤事故后，需要上报社会保险行政部门，进行劳动能力鉴定，也就是我们常说的伤残等级鉴定，劳动功能障碍共分为十级，最重的为一级，最轻的为十级。不同等级对应的待遇和工伤赔付是不同的，劳动功能障碍的十个伤残等级，具体介绍见表 8-7。

表 8-7　劳动功能障碍的十个伤残等级

等　级	具体介绍
一级	器官缺失或功能完全丧失，其他器官不能代偿，存在特殊医疗依赖，生活完全或大部分不能自理
二级	器官严重缺损或畸形，有严重功能障碍或并发症，存在特殊医疗依赖，或生活大部分不能自理
三级	器官严重缺损或畸形，有严重功能障碍或并发症，存在特殊医疗依赖，或生活部分不能自理
四级	器官严重缺损或畸形，有严重功能障碍或并发症，存在特殊医疗依赖，生活可以自理
五级	器官大部分缺损或明显畸形，有较重功能障碍或并发症，存在一般医疗依赖，生活能自理
六级	器官大部分缺损或明显畸形，有中等功能障碍或并发症，存在一般医疗依赖，生活能自理
七级	器官大部分缺损或明显畸形，有轻度功能障碍或并发症，存在一般医疗依赖，生活能自理

续上表

等　级	具体介绍
八级	器官部分缺损，形态异常，轻度功能障碍，有医疗依赖，生活能自理
九级	器官部分缺损，形态异常，轻度功能障碍，无医疗依赖，生活能自理
十级	器官部分缺损，形态异常，无功能障碍，无医疗依赖，生活能自理

　　劳动能力鉴定除了包含劳动功能障碍鉴定外，还会涉及生活自理障碍鉴定。生活自理障碍主要分为三个等级——生活完全不能自理、生活大部分不能自理和生活部分不能自理。

◆ **生活完全不能自理**：是指进食、翻身、大小便、穿衣洗漱、自我移动等五项均需要护理的情形。

◆ **生活大部分不能自理**：是指进食、翻身、大小便、穿衣洗漱、自我移动等五项中有三项或四项不能自理的情形。

◆ **生活部分不能自理**：是指进食、翻身、大小便、穿衣洗漱、自我移动等五项中有一项或两项不能自理的情形。

8.2.5　申请劳动能力鉴定的材料

　　申请劳动能力鉴定，企业需要提交相应的资料，为此，HR 需要按照规定准备齐全，以免因相关材料不足导致鉴定无法完成，申报劳动能力鉴定所需的常规材料及要求如下所示。

◆ 填写劳动能力鉴定申请表，表上贴上本人的近期一英寸免冠照片，若有单位负责则压照片盖上单位公章；个人申请需提供单位名称、单位详细地址、单位联系人姓名及电话，并且当场通知单位联系人。

◆ 工伤认定决定书原件及复印件。

◆ 携带被鉴定人本人身份证原件、复印件。

◆ 提供完整连续的病历材料，其中住院的需要提供住院病志原件（持患者本人身份证到医院病案室复印病志，同时加盖医院病案管理专用章之后即病志原件），原件被鉴定中心保留，再用可以再去病案室再提。未住院的需提供急诊或门诊的病志原件并复印件、诊断书及辅助检查报告单原件并复印件，审核原件保留复印件。

◆ 职工供养直系亲属进行劳动能力鉴定，还需提供被鉴定人与职工之间直系亲属的有效证明。

◆ 劳动能力鉴定机构需要的其他材料。

劳动能力鉴定申请表一般在当地政府官网，或是人力资源和社会保障局官网进行下载，如图8-2所示。

类别：

劳动能力鉴定申请表

（工伤、因病鉴定通用）

年　月　日

亲爱的朋友：

对您受到的工伤我们致以诚挚的慰问，我们将竭诚为您服务，祝您早日康复！

为使您能够顺利进行劳动能力鉴定，请您仔细阅读以下提示，如遇到困难与问题，请随时与工伤保险服务人员联系。

温馨提示：提出劳动能力鉴定申请，需提交以下材料：

1、有效的诊断证明，按照医疗机构病历管理有关规定复印或者复制的检查、检验报告等完整有效的病历材料；

2、工伤职工的居民身份证或者社会保障卡等其他有效身份证明原件；

注意事项：

1、填表请用钢笔、签字笔，字迹工整。

2、申请人只需要填写劳动能力鉴定申请表第一页，请准确填写各项信息。

3、如有疑问，请咨询有关工作人员。

劳动能力鉴定申请表

职工信息栏	职工姓名：	一寸近期免冠彩色照片
	工伤认定决定书编号：	
	证件类型　居民身份证☐　其他☐ 身份证件号码☐☐☐☐☐☐☐☐☐☐☐☐☐☐☐☐☐☐	
	联系电话（必填一项）：________（手机）________（固话）	
	联系地址： 邮编☐☐☐☐☐☐	
用人单位信息栏	用人单位名称：	
	用人单位联系人：　联系电话：	
	联系地址： 邮编☐☐☐☐☐☐	
申报事项确认栏	申请鉴定类型选择（请在☐内打√单项选择） ☐1、初次鉴定（伤残、护理）；☐2、再次鉴定（伤残、护理）；☐3、复查鉴定（伤残、护理）；☐4、配置辅助器具确认，申请配置项目________；☐5、因病鉴定；	
	申请主体（请在☐内打√单项选择） ☐1、用人单位；☐2、职工或其近亲属；☐3、社会保险经办机构。	
	申请人签名或盖章： 年　月　日	申请单位盖章： 年　月　日

劳动能力鉴定（结论）表

伤情介绍：

鉴定依据（国标伤残等级或劳社部发2002年8号文条款，无条款的说明理由）：

1、劳动功能障碍程度　经鉴定符合伤残________级；

2、生活自理障碍程度　经鉴定符合________护理依赖；

a)进食：☐　　d)穿衣、洗漱：☐

b)翻身：☐　　e)自主行动。☐

c)大、小便：☐

3、配置辅助器具确认　经鉴定________。

4、因病丧失劳动能力鉴定程度　经鉴定符合________。

专家1：　　专家4：

专家2：　　专家5：

专家3：

年　月　日

劳动能力鉴定委员会结论：

经审定，符合：

________级伤残；

________护理依赖；

配置辅助器具确认________。

因病符合________丧失劳动能力。

审核人签名(印章)：　　年　月　日

（注：本页劳动能力鉴定委员会留存）

图8-2　劳动能力鉴定申请表

上图为某市统一制定的劳动能力鉴定申请表，HR 可据此了解劳动能力鉴定申请表通常包含哪些内容，以及基本样式。

8.3　加强工伤风险管理

工伤事故处理起来有一定的风险，HR 应该懂得预防各类工伤事故，尽可能降低工伤事故发生的概率，这样可以减少后期很多麻烦，对企业经营有很大的好处。

8.3.1　用人单位如何防范工伤诈骗

工伤诈骗即是以自伤作为欺骗手段，向用人单位施压，索要赔偿的一种诈骗手段，虽说这种现象并不常见，但 HR 应该有所了解及防备，那么，常见的工伤诈骗有哪些呢？一起来了解下。

他伤。诈骗者先以欺骗或胁迫智障者等无能力或不敢反抗的人带入自己工作单位，此后即伤害该人，再以亲属名义为该人索要工伤赔偿并占为己有或分成。

自伤。完全健康的人自伤自残，从而冒充工伤，以谋取补偿。

老伤。入职时已有陈旧伤，后以新伤或旧伤复发为由骗取补偿。

诈伤。实际无伤或伤势较轻，虚张声势或夸大伤害程度，甚至钻伤残鉴定的空子。

面对这些诈骗手段要如何鉴别呢？ HR 应该注意到工伤事故中的异常情况，有不妥之处就要深入了解，而不是掉以轻心，常见的异常情况有如下一些。

①员工入职不久便发生工伤，很有可能是其入职前就已负伤，容易存在工伤诈骗行为。

②受伤比较蹊跷，过程模糊，缺乏相关证明。如独自一人在车间某处出现工伤事故，既没有人证，又处于监控盲区，很难追查事故起因、经过、结尾。

③受伤者不急于去医院治疗，对赔偿更有兴趣。

④通常要求私了，甚至主动提出"今后双方无涉"之类的条款，尽早携款离开是诈骗者的常见需求。

⑤工伤后随即出现较多"亲属""老乡"以围堵、闹事等手段胁迫单位。这种情况通常是有预谋的集体诈骗，HR 尤其要注意。

⑥发生单位多是工地、机械加工等工伤易发单位，且这类单位人员流动大，这样实施诈骗时就更容易瞒天过海，提高成功率。

HR 应该做好工伤诈骗的防范措施，让诈骗者无计可施，也能省去后期处理的麻烦。HR 主要应做好以下工作。

◆ 按照法律规定，与员工签订书面合同，为员工购买工伤保险。很多诈骗者专门针对那些不购买工伤保险的单位，利用其急于私了的心理，取得高额赔偿。

◆ 建立完善的招聘机制与招聘流程，做好背景调查与体检，对于普通员工来说，背调可能不太现实，但入职体检是一定要安排的。

◆ 对于工伤事故频发的区域，应该加强监控，做到无死角，这样进行事故调查时才能找到依据。

◆ 用人单位处理工伤事故时一定要依法办事，做好工伤鉴定，私了只会给诈骗者可乘之机。

下面通过一个案例来了解工伤诈骗的具体情况，以让 HR 有所警醒。

范例解析 员工以脚趾骨折索要治疗费实施诈骗

某机械设备公司的 HR 李先生新招录了一名员工赵某，刚上班就因右脚大脚趾骨折进了医院。医院提出要给赵某进行手术治疗，单位需要为其预支垫付近 2 万元的手术费，这时，赵某竟表示不愿开刀，只要将这笔钱支付给他，写个协议今后双方无涉。李先生觉得不太妥当，特地到当地派出所咨询相关法律问题，派出所觉得事有蹊跷，发现赵某受伤没人看见，只是自述搬动重物时砸在了脚上。

随后，赵某和他的"姐夫"谢某被带进派出所，两人面对询问神情慌张，派出所警官据此判断两人心里肯定有鬼。通过进一步的调查发现，赵某脚趾的伤应为陈旧性骨折，6 月初因为在当地一家公司上班时脚趾骨折工伤，获得了 2 000 多元赔偿后离职。

在大量证据面前，两人不得不交代了合谋施骗的过程。原来，谢某于 6 月初用榔头将赵某的脚趾骨敲折，然后在网上寻找招聘信息，一旦被用人单位录取，上班时乘机假装重物砸折脚趾骨以骗取工伤赔偿。

通过上述案例可以看出，工伤诈骗事故通常会存在一些异常情况，本例中这名员工不愿接受治疗，反而要求获得赔偿私了，这种做法十分反常，用人单位在面对这些异常情况时要注意，应当按照法律的途径解决，自己无法解决的，及时咨询派出所，避免遭受较大损失。

8.3.2　工伤事故应急解决措施

工伤事故发生后，企业要及时处理伤员，并做事故申报，各项工作都要紧锣密鼓地安排起来，最好事先就建立工伤事故应急措施，这样处理起来就能有理有节，从而提高处理的效率。

一般来说工伤应急措施应该包括四大内容，具体如下所示。

工作程序。即工伤事故发生后的工作流程，先做什么，后做什么，由哪个部门哪些人员负责，有了基本的处理流程，处理起来就有基本的思路。

事件报告。工伤事故发生后，相关人员应该及时将事件报告给上级，由部门人员向部门主管报告，部门主管再向应急小组报告，应急小组之后再向总经理报告。

应急小组。应急小组可由不同部门的人员组成，也可专设一个应急小组团队，小组内可设组长、副组长和组员，并对各岗位职责做好说明。

常见事项处理措施。对于企业内发生过的工伤事故，HR 应及时整理一份应急处理措施，在救护车到来之前可简单处理一下，减轻员工的痛苦。还可以在日常会议中宣讲常用急救常识。

HR 应该结合公司的实际情况编制应急预案，如下所示为某公司人事部编制的工伤事故应急预案。

范例解析　××公司工伤事故应急预案

为了预防工伤事故发生后对伤员造成更大的伤害，避免事故的进一步恶化，将发生事故造成的损失降到最低，特制订应急预案，以备事故发生后尽快组织人员投入抢救。

1. 工伤事故应急领导小组

组长：周书 ×

副组长：李长 ×

组员：刘友 ×、曹东 ×、王 ×、林玉 ×、杨春 ×、刘明 ×、顾方 ×、赵 ×、罗 ×、陈雨 ×、蓝 ×、张 × 及夜班值班干部。

应急小组紧急联系方式见表 8-8。

表8-8 应急小组紧急联系方式

姓　名	职　位	内线电话	姓　名	职　位	内线电话
周书×	生产副总	5677	刘明×	管理部部长	5655
李长×	安全办主任	5674	顾方×	行政主管助理	5656
刘友×	安全员	5674	赵×	人事专员	5658
曹东×	安全员	5674	罗×	ERP工程师	5657
王×	生产技术部部长	5673	陈雨×	冲压A线主任	5641
林玉×	财务总监	5604	蓝×	冲压B线主任	5643
杨春×	生产部部长	5623	张×	冲压C线主任	5640

工伤救护办公室设在安全办，内线电话：5674。

夜班值班干部联系方式见夜班值班干部排班表。

安全办负责适量配备工伤救护所需的止血、包扎绷带等应急物品。

2. 应急程序

抢救伤员→控制事态→保护现场→疏导人员→事故上报→事故调查。

2.1 伤员抢救程序

2.1.1 立即联系120、999急救车，并简要说明伤情、伤亡人员数量。详细说出现场位置，并派人在现场附近带车指路。

2.1.2 采取现场急救措施。

2.1.3 附近医院名称：××医院。

2.2 控制事态程序

在组织抢救伤亡人员的同时，主管领导应根据现场情况做出判断，对仍存在的不安全状态进行处理，避免因采取措施不当而引发新的伤害或损失。如迅速疏导人员、划出特定区域、限制人员出入、派人看护，以控制事态的进一步恶化。

2.3 保护现场程序

2.3.1 事故发生后，事发部门应立即对事故现场用警戒隔离用具或绳索圈上并派人警戒，严禁无关人员出入。

2.3.2 保护证人证物，防止证物被移动和失落。

2.3.3 事故见证人不能撤离现场，以备调查取证。

2.3.4 为抢救伤员需改变现场时，以抢救伤员为主，但应对原始情况进行描述。最好拍照保存，以备调查取证。

2.4　解除警戒程序

在确保危险已经消除的情况下，由现场应急救援领导小组组长宣布解除警戒命令。

2.5　事故上报程序

轻伤事故：4 小时内向 ×× 集团汇报。

重伤、死亡事故：必须在事发后一小时内报告 ×× 集团安全施工管理部。

2.6　事故调查程序。

2.6.1　轻伤事故，由项目部组成调查组。

2.6.2　重伤事故，由 ×× 集团安全施工管理部组成事故调查组，项目部相关职能参加。

2.6.3　死亡事故，由 ×× 集团组成事故调查组，相关部门参加。

2.6.4　相关部门：技术质量部、人力资源部、工会。

2.6.5　现场资料：

①事故发生经过、事故现场照片、平面示意图。

②施工方案、安全技术交底及相关检查验收记录。

③伤亡人员情况：姓名、年龄、工种、身份证复印件、注册手续。

④外施队名称、承包合同及安全培训情况。

3. 应急小组工作职责

应急小组工作职责见表 8-9。

表 8-9　应急小组工作职责

姓名 / 岗位	主要职责
当班班组长和车间主任	1. 详细调查事故原因，填写事故分析报告 2. 夜班时立即通知值班干部
安全办：李长 ×、刘友 ×、曹东 ×	1. 组织救治：根据工伤严重程度判定是否送外就医，就医采取就近原则，以免伤情进一步扩大 2. 24 小时内将受伤人员受伤信息报告至管理部
管理部：顾方 ×	必须于 5 分钟内安排驾驶员出车，方便员工就医
人事专员：赵 ×	1. 对投保信息进行判定 2. 在自工伤发生后的 48 小时内进行工伤快报
罗 ×	在自工伤发生的 10 个工作日内进行工伤报告

4.培训和经验总结

4.1 当有任何工伤事故发生后安全办必须组织事故发生部门对事故发生原因进行分析、总结，将事故分析报告作为案例，组织员工培训，吸取教训。

4.2 工伤事故发生后安全办应对本应急预案的有效性进行评估、验证，以确保本应急预案切实可行，如发现不适合立即通知人事部修订。

8.3.3 HR 预防工伤事故的具体操作

除了在工伤事故发生后，制订应急措施，HR 还应该做好工伤预防工作，减少工伤事故发生的概率才是根本，那么，减少工伤事故发生的措施有哪些呢？具体有以下几条措施。

（1）购买商业保险

法律规定企业要为内部员工购买社保，其中包括工伤保险，而工伤保险的缴纳与报销都必须以国家规定为准，可能最后还需要垫付一些资金才能让员工满意。

若企业想要多加一层的保险，还有商业保险这个选项，比如企业团体意外险，保障项目包括意外伤害身故／伤残、意外伤害医疗（附加）、意外住院津贴（附加）。有了商业保险，就更能减轻企业的负担，从而减轻员工工伤风险。

（2）定期保养与检查设备

对于制造企业、工厂这些依靠设备生产的工作环境，通常工伤发生更加频繁，很多时候都是因为设备故障导致人员受伤，所以对员工操作的设备应该重点防范，定期进行检查、保养，确保设备安全可靠。

不过，除了在设备上做好检查工作，工作人员的正确操作也很重要，因此员工的上岗培训、定期培训要认真安排、认真考核，确保员工的工作技术，常提醒、常跟进员工的工作状态及工作方法。

（3）重点部门重点关注

对于那些较常发生工伤事故的部门，如生产部、仓库、维修部、保安部，企业要重点关注，确保这些部门的员工全部购买了工伤保险，定期对部门环境进行排查，宣讲安全防护知识。

（4）重点区域张贴安全标语

工伤事故频发的区域，企业应注意张贴一些安全标语，提醒员工注意安全。一般来说，安全标语张贴在安全出口或车间内，如"以人为本，安全第一""安全第一，预防为主"，等等。

当然，在设备上也会有一些警告提示标语，如"非操作人员，不得随意启动设备""非专业人员，禁止启动设备""高压——危险""有电——危险"。目的就是为了让员工不要随便接触设施，以免造成伤害。

（5）提高员工安全意识

企业要维护外部环境安全，也要加强员工的安全意识，提高员工的警惕性，可通过办讲座、设置课程、观看事故视频等让员工重视安全。HR也要定期进行监察和汇报，定期召开安全会议进行讨论与检讨。

（6）排除安全隐患

安全隐患一不小心就会产生，是企业内部的大问题，定期对隐患排检是十分必要的。

通常情况，可以要求工程维修部每周检查一次，每次检查后做好相应记录，提出隐患位置及整改时间计划。人事部至少每月跟进一次完成情况，以及整改后效果，确保无隐患存在为止。

（7）完善科学管理制度

规范员工的工作，能减少员工失误率，员工工作能力强了，事故也会变少，制定和落实安全生产岗位责任制和安全生产规章制度，建立标准化作业制度，用科学的管理制度防范和杜绝工伤事故发生。如下所示为某企业安全检查科的安全生产岗位责任制。

1. 协助领导组织推动安全生产工作，贯彻执行安全生产的方针和政策。

2. 汇总和审查安全技术措施、计划，并督促有关部门贯彻执行。

3. 组织和协助有关部门制定和修订安全生产制度及安全操作规程，对制度、规程的贯彻执行进行监督检查。

4. 经常进行以抓点带面的形式对现场检查，协助解决问题，存在特别紧急的不安全因素，有权指令先停止施工，并且立即通知有关责任人整改。

5. 总结和推广安全生产的先进经验。

6. 对职工进行安全生产的宣传教育、检查、监督基层单位安全培训工作，特别是新工人的上岗前培训。

7. 指导基层专（兼）职安全员工作。

8. 督促有关部门按规定及时发放和合理使用个人防护用品。

9. 参加伤亡事故的调查和处理，提出预防事故的措施，并督促按期执行。

（8）发放配备劳动保护用品

企业对一些特殊岗位的员工，要及时发放手套、雨鞋、雨衣、防尘口罩等劳动保护用品。向员工配备这些用品不是一种福利，而是保护员工身体健康，是减少工伤事故的一种预防措施。

（9）合理安排加班

企业有时在生产或者销售旺季时，会安排员工加班加点地工作，在连续疲劳工作的情况下，很容易发生工伤事故，企业要防止因疲劳工作而导致工伤事故，合理排班。

知识扩展 **工伤急救常识**

对于在一线生产的员工，基础的急救常识应该有所了解，以最大限度地减少伤员的痛苦，而进行现场急救需遵循如下原则。

①先复后固。若是员工心跳、呼吸骤停又有骨折，应先用口对口人工呼吸和胸外心脏按压等技术使心、肺、脑复苏，直至心跳、呼吸恢复后，再进行骨折固定。

②先止血后包扎。若是员工大出血又有创口，首先立即用指压、止血带或药物等方法止血，接着再消毒、并对创口进行包扎。

③先重后轻。遇有垂危的和较轻的伤病员时，应优先抢救危重者，后抢救较轻的伤病员。

④先救后运。发现伤病员时，应先救后送。在送伤病员到医院途中，不要停止抢救，继续观察病、伤变化，少颠簸，注意保暖，平安抵达最近医院。

⑤急救与呼救并重。在遇有成批伤病员且现场还有其他参与急救的人员时，要分工合作，急救和呼救同时进行，以较快地争取救援。

8.3.4 规避双重或多重劳动关系

双重劳动关系下的用工，指同一劳动者在同一时期与两个不同的用人单位建立或形成均符合劳动关系构成要件的用工关系。双重或多重劳动关系在日常工作中是存在的。

目前，我国《劳动合同法》等相关法律法规并未禁止双重劳动关系的存在，甚至部分司法解释、地方法规及政府规章对双重劳动关系予以书面认可。

但是双重或多重劳动关系也带来了一些工伤事故风险，对企业来说可能会造成不小的损失，这应该引起 HR 的重视。

一般来说，员工已由原用人单位购买了社会保险，随着全国统一社会保障号的启动，使得社会保险无须也无法重复办理，导致后建立劳动关系的用人单位难以为劳动者购买保险（尤其是工伤保险）。

一旦员工在未缴纳工伤保险的用人单位发生工伤事故，就不能从工伤保险基金处获得工伤保险赔偿，发生工伤事故的用人单位就免不了本可以由工伤保险基金承担的相关赔偿责任。

要规避双重或多重劳动关系带来的工伤事故风险，企业要做好以下工作，见表 8-10。

表 8-10　风险防范工作

防范工作	具体介绍
少用存在双重劳动关系的员工	用人单位应逐步减少存在双重劳动关系的职工量，尽量不在重要的技术岗位、管理岗位及涉密岗位等岗位上使用存在双重劳动关系的职工，最好只在非全日制用工模式下使用存在双重劳动关系的人员，避免既是全日制用工又存在双重劳动关系的用工模式
签订劳动合同并购买社保	针对已存在双重劳动关系的员工，用人单位应与之签订书面劳动合同，避免被劳动者主张双倍工资的风险，并为员工购买社会保险，若是不能购买政府社保，可购买商业意外险
加强招聘环节审查	招聘时，做好劳动关系解除调查，包括： ①在录用条件阐明：尚未与其他单位办理劳动关系解除/终止手续的情形属于不符合录用条件，用人单位可随时在试用期内解除劳动合同 ②面试时，应询问对方是否与其他单位存在劳动关系、是否还存在未了结的债权债务情况 ③要求劳动者正式入职前提交其与前用人单位解除/终止劳动存在劳动关系的证明材料，并进一步电话核实 ④在员工手册阐明：若员工与其他单位存在劳动关系，则用人单位有权单方面解除劳动合同

8.3.5 如何安排工伤员工

工伤事故发生后，可能出现两种情况，一是员工修养出院，继续从事原岗位工作；二是劳动者工伤较为严重，不能从事原岗位工作。

若是后一种情况，用人单位可以与劳动者协商调整岗位，如果劳动者不同意的，用人单位可以在做出赔偿后与之解除劳动合同。

《工伤保险条例》中对职工因工致残的不同等级就劳动关系处理和工作岗位安排问题做出了不同的规定。

- ◆ 职工因工致残被鉴定为一级至四级伤残的，保留劳动关系，退出工作岗位。
- ◆ 职工因工致残被鉴定为五级、六级伤残的，保留与用人单位的劳动关系，由用人单位安排适当工作，难以安排工作的，由用人单位按月发给伤残津贴，经工伤职工本人提出，该职工可以与用人单位解除或者终止劳动关系。
- ◆ 《工伤保险条例》对于职工因工致残被鉴定为七级至十级伤残的工作安排没有具体规定，但规定劳动合同可以期满终止，或者职工本人可以提出解除劳动合同。

而对于需要调换岗位的特殊情况，若更换后的岗位工资下降了，企业能否实施降薪处理呢？调岗降薪属于劳动合同内容的变更，必须遵循协商一致的原则，用人单位若强行调岗降薪则是违法的。

如果的确属于客观情况发生重大变化，用人单位不能与劳动者就调岗降薪达成一致的，可以提前 1 个月通知劳动者，与其解除劳动合同，并按照劳动者工作年限支付经济补偿金。

8.3.6 了解更多工伤保险

除了政府规定缴纳的工伤保险外，还有一些商业保险能够对工伤事故提供保险，包括意外险、雇主责任险，HR 应该对有关的保险知识做详细了解，要想能够轻松高效，就需要掌握工伤保险相关知识。

在前面的小节中，我们对工伤保险做了详细介绍，那么意外险和雇主责任险又是什么呢？

意外险。以被保险人因遭受意外伤害造成死亡、残废为给付保险金条件的人身保险。其基本内容是投保人向保险人交纳一定的保险费，如果被保险人在保险期限内遭受意外伤害并以此为直接原因或近因，在自遭受意外伤害之日起的一定时期内造成的死亡、残废、支出医疗费或暂时丧失劳动能力，则保险人给付被保险人或其受益人一定量的保险金。

　　雇主责任险。雇主责任险是指被保险人所雇佣的员工在受雇过程中从事与保险单所载明的与被保险人业务有关的工作而遭受意外或患与业务有关的国家规定的职业性疾病，所致伤、残或死亡，被保险人根据《中华人民共和国劳动法》及劳动合同应承担的医药费用及经济赔偿责任，包括应支出的诉讼费用，由保险人在规定的赔偿限额内负责赔偿的一种保险。

　　工伤保险、雇主责任险和意外险虽然都能对员工起到保障作用，但三者又存在一定的区别，具体介绍见表 8-11。

表 8-11　工伤保险、雇主责任险和意外险的区别

项　目	雇主责任险	工伤保险	意外险
是否强制	否	是	否
法律基础	雇主按照雇佣合同应承担的经济赔偿责任	法律规定强制雇主承担的经济赔偿责任	被保险员工的意外，不能代替雇主的责任
保障范围	受雇工作期间（含上下班期间）	受雇工作期间（含上下班期间）	24 小时
被保险人名单	不记名投保，但要告知总人数	是（记名投保）	是（记名投保）
保额	以实际工资总额为基础	以实际工资总额为基础	约定
医疗费	无限额（但保单整体约定限额）、有免赔	无限额、无免赔	有限额、一般有免赔
误工补助	赔偿	赔偿	无
是否包括职业病	是	是	否
对全体员工是否有保障	是	是	否（除非及时申报变更员工名单）
死亡伤残补助	赔偿	赔偿	赔偿

续上表

项 目	雇主责任险	工伤保险	意外险
保险责任	雇员在工作期间遭受意外伤害，赔付项目为死亡给付、伤残给付、医疗费（没有限额）、职业性疾病给付、误工费	因工作原因受到事故伤害的；因履行工作职责受到暴力等意外伤害的；患职业病的；因工外出期间，由于工作原因受到伤害或者发生事故下落不明的等	雇员在 24 小时内遭受意外伤害，赔付项目一般为死亡给付、伤残给付、医疗费（有限额）

8.4 职业病鉴定与诊断

职业病是指企业、事业单位和个体经济组织等用人单位的劳动者在职业活动中，因接触粉尘、放射性物质和其他有毒、有害物质等因素而引起的疾病。各国法律都有对于职业病预防方面的规定，一般来说，凡是符合法律规定的疾病才能称为职业病。

企业如何处理员工的职业病，首先应该对职业病有一定的认识，然后需要做职业病鉴定与诊断，这样才能展开后续处理工作。

8.4.1 职业病的构成要件与类型

在生产劳动中，接触生产中使用或产生的有毒化学物质，粉尘气雾，异常的气象条件，高低气压、噪声、振动、微波、X 射线、γ 射线、细菌、霉菌；长期强迫体位操作，局部组织器官持续受压等，均可引起职业病，一般将这类职业病称为广义的职业病。对其中某些危害性较大，诊断标准明确，结合国情，由政府有关部门审定公布的职业病，称为狭义的职业病，或称法定（规定）职业病。

中国政府规定诊断为法定（规定）职业病的，需由诊断部门向卫生主管部门报告；规定职业病患者，在治疗休息期间，以及确定为伤残或治疗无效而死亡时，按照国家有关规定，享受工伤保险待遇或职业病待遇。

根据《中华人民共和国职业病防治法》规定，职业病必须具备以下四个条件，四个条件缺一不可。

- ◆ 患病主体是企业、事业单位或个体经济组织的劳动者。
- ◆ 必须是在从事职业活动的过程中产生的。
- ◆ 必须是因接触粉尘、放射性物质和其他有毒、有害物质等职业病危害因素引起的。
- ◆ 必须是国家公布的职业病分类和目录所列的职业病。

那么，我国对职业病的具体分类包括哪些呢？根据《职业病分类和目录》可做具体了解，见表 8-12。

表 8-12　职业病分类

分　类	具体类型
职业性皮肤病	接触性皮炎、光接触性皮炎、电光性皮炎、黑变病、痤疮、溃疡、化学性皮肤灼伤、白斑等
职业性尘肺病及其他呼吸系统疾病	尘肺病：硅肺、煤工尘肺、石墨尘肺、炭黑尘肺、石棉肺、滑石尘肺、水泥尘肺、云母尘肺、陶工尘肺、铝尘肺、电焊工尘肺、铸工尘肺等
	其他呼吸系统疾病：过敏性肺炎、棉尘病、哮喘、金属及其化合物粉尘肺沉着病（锡、铁、锑、钡及其化合物等）、刺激性化学物所致慢性阻塞性肺疾病、硬金属肺病
职业性眼病	化学性眼部灼伤、电光性眼炎、白内障（含放射性白内障、三硝基甲苯白内障）
职业性耳鼻喉及口腔疾病	噪声聋、铬鼻病、牙酸蚀病、爆震聋
职业性化学中毒	铅及其化合物中毒（不包括四乙基铅）、汞及其化合物中毒、锰及其化合物中毒、镉及其化合物中毒、铍病、铊及其化合物中毒、钡及其化合物中毒、钒及其化合物中毒、磷及其化合物中毒以及上述条目未提及的与职业有害因素接触之间存在直接因果联系的其他化学中毒
物理因素所致职业病	中暑、减压病、高原病、航空病、手臂振动病、激光所致眼（角膜、晶状体、视网膜）损伤、冻伤
职业性放射性疾病	外照射急性放射病、外照射亚急性放射病、外照射慢性放射病、内照射放射病、放射性皮肤疾病、放射性肿瘤（含矿工高氡暴露所致肺癌）、放射性骨损伤、放射性甲状腺疾病、放射性性腺疾病、放射复合伤等

续上表

分　　类	具体类型
职业性传染病	炭疽、森林脑炎、布鲁氏菌病、艾滋病（限于医疗卫生人员及人民警察）、莱姆病
职业性肿瘤	石棉所致肺癌、间皮瘤；联苯胺所致膀胱癌；苯所致白血病；氯甲醚、双氯甲醚所致肺癌；砷及其化合物所致肺癌、皮肤癌；氯乙烯所致肝血管肉瘤；焦炉逸散物所致肺癌；六价铬化合物所致肺癌；毛沸石所致肺癌、胸膜间皮瘤；煤焦油、煤焦油沥青、石油沥青所致皮肤癌；β-萘胺所致膀胱癌
其他职业病	金属烟热；滑囊炎（限于井下工人）；股静脉血栓综合征、股动脉闭塞症或淋巴管闭塞症（限于刮研作业人员）

8.4.2 职业病的诊断标准

为了避免职业病带给员工的伤害，企业 HR 应该明白职业病诊断的重要性，作为用人单位应为员工提供基本的健康检查，具体包含以下内容。

①用人单位应当组织所有从事接触职业病危害作业的劳动者进行职业健康检查。

②用人单位应当组织接触职业病危害因素的劳动者进行上岗前职业健康检查。

③用人单位应当组织接触职业病危害因素的劳动者进行定期职业健康检查。对需要复查和医学观察的劳动者，应当按照体检机构要求的时间，安排其复查和医学观察。

④用人单位应当组织接触职业病危害因素的劳动者进行离岗时的职业健康检查。

⑤用人单位对遭受或者可能遭受急性职业病危害的劳动者，应当及时组织进行健康检查和医学观察。

⑥体检机构发现疑似职业病病人应当按规定向所在地卫生行政部门报告，并通知用人单位和劳动者。用人单位对疑似职业病病人应当按规定向所在地卫生行政部门报告，并按照体检机构的要求安排其进行职业病诊断或者医学观察。

⑦职业健康检查应当根据所接触的职业危害因素类别，按职业健康检查项目及周期的规定确定检查项目和检查周期，需复查时可根据复查要求相应增加检查项目。

⑧职业健康检查应当填写职业健康检查表，从事放射性作业劳动者的健康检查应当填写放射工作人员健康检查表。

在申请职业病诊断时，HR 应当提供以下相应的材料。

①职业史、既往史。

②职业健康监护档案复印件。

③职业健康检查结果。

④工作场所历年职业病危害因素检测、评价资料。

⑤诊断机构要求提供的其他必需的有关材料。用人单位和有关机构应当按照诊断机构的要求，如实提供必要的资料。没有职业病危害接触史或者健康检查没有发现异常的，诊断机构可以不予受理。

8.4.3　职业病鉴定程序

HR 在为员工申请工伤认定前，需要为员工做职业病鉴定，根据《职业病防治法》有关规定，职业病鉴定程序如下。

申请。当事人向做出诊断的医疗卫生机构所在地政府卫生行政部门提出鉴定申请。鉴定申请需提供的材料包括：鉴定申请书、职业病诊断病历记录、诊断证明书、鉴定委员会要求提供的其他材料。

审核。职业病诊断鉴定办事机构收到当事人的鉴定申请后，要对其提供的与鉴定有关的资料进行审核。职业病诊断鉴定办事机构应当自收到申请资料之日起 10 日内完成材料审核，对材料齐全的发给受理通知书；对材料不全的，通知当事人进行补充。必要时由第三方对患者进行体检或提取相关现场证据，当事人应当按照鉴定委员会的要求，予以配合。

组织鉴定。参加职业病诊断鉴定的专家，由申请鉴定的当事人在职业病诊断鉴定办事机构的主持下，从专家库中以随机抽取的方式确定，当事人也可以委托职业病诊断鉴定办事机构抽取专家，组成职业病鉴定委员会，鉴定委员会通过审阅鉴定资料，综合分析，做出鉴定结论。鉴定意见不一致时，应当予以注明。

出具鉴定书。鉴定书必须由所有参加鉴定的成员共同签署，并加盖鉴定委员会公章。

异议处理。当事人对职业病诊断有异议的，在接到职业病诊断证明书之日起 30 日内，可以向做出诊断的医疗卫生机构所在地设区的市级卫生行政部门申请鉴定。当事人对设区的市级职业病诊断鉴定委员会的鉴定结论不服的，在接到职业病诊断鉴定书之日起 15 日内，可以向原鉴定机构所在地省级卫生行政部门申请再鉴定。省级职业病诊断鉴定委员会的鉴定为最终鉴定。

根据《工伤保险条例》规定，按照职业病防治法规定被诊断、鉴定为职业病，所在单位自被诊断、鉴定为职业病之日起 30 日内，向劳动保障部门提出工伤认定申请。用人单位未按照上述规定提出工伤认定申请的，患职业病的职工在被诊断、鉴定为职业病之日起一年内，可以直接向劳动保障部门提出工伤认定申请。

如果认定为工伤，劳动保障部门收到工伤认定申请之日起六十日内做出《工伤认定书》，并通知单位和职工或亲属。职工凭《工伤认定书》可以申请工伤伤残鉴定和享受工伤待遇。